教育部人文社会科学研究青年基金项目
"我国公共教育投入结构选择中的策略互动行为研究"（项目批准号：14YJC880079）资助

我国公共教育投入结构选择中的策略互动行为研究

——以基础教育投入结构选择为例

王水娟◎著

河海大学出版社
·南京·

图书在版编目(CIP)数据

我国公共教育投入结构选择中的策略互动行为研究：以基础教育投入结构选择为例 / 王水娟著. —南京：河海大学出版社, 2021.12
　ISBN 978-7-5630-7334-4

　Ⅰ.①我⋯　Ⅱ.①王⋯　Ⅲ.①基础教育－教育投资－投资结构－研究－中国　Ⅳ.①G639.2

中国版本图书馆 CIP 数据核字(2021)第 250067 号

书　　　名	我国公共教育投入结构选择中的策略互动行为研究——以基础教育投入结构选择为例 WOGUO GONGGONG JIAOYU TOURU JIEGOU XUANZE ZHONG DE CELÜE HUDONG XINGWEI YANJIU——YI JICHU JIAOYU TOURU JIEGOU XUANZE WEILI
书　　　号	ISBN 978-7-5630-7334-4
责任编辑	张心怡
责任校对	曾雪梅
封面设计	徐娟娟
出版发行	河海大学出版社
地　　　址	南京市西康路 1 号(邮编:210098)
电　　　话	(025)83737852(总编室)　(025)83786934(编辑室)　(025)83722833(营销部)
经　　　销	江苏省新华发行集团有限公司
排　　　版	南京月叶图文制作有限公司
印　　　刷	广东虎彩云印刷有限公司
开　　　本	700 毫米×1000 毫米　1/16
印　　　张	10.5
字　　　数	160 千字
版　　　次	2021 年 12 月第 1 版　2021 年 12 月第 1 次印刷
定　　　价	52.00 元

目 录

第1章　绪论 ·· 1
　1.1　研究背景 ·· 1
　1.2　文献综述 ·· 2
　　1.2.1　财政分权与公共服务供给的研究 ··············· 2
　　1.2.2　中国式财政分权下公共教育投入的研究 ········ 14
　　1.2.3　公共教育政策与经济增长关系的研究 ·········· 16
　　1.2.4　地方政府间公共财政投入互动行为机制的研究 ·· 20
　　1.2.5　研究评述 ····································· 24
　1.3　研究意义 ·· 25
　　1.3.1　理论意义 ····································· 25
　　1.3.2　实践意义 ····································· 26
　1.4　主要研究内容 ····································· 27
　1.5　研究方法与逻辑思路 ······························· 28
　1.6　可能的创新之处 ··································· 29

第2章　我国学前教育财政投入的历史、现状与趋势 ········ 31
　2.1　2010年以前我国学前教育财政投入的主要问题 ······· 31
　　2.1.1　2010年以前学前教育财政投入总量不足 ········ 31
　　2.1.2　2010年以前学前教育财政投入结构供给失衡 ···· 36
　　2.1.3　2010年以前学前教育财政投入的城乡差异 ······ 38
　　2.1.4　2010年以前学前教育财政投入的地区差异 ······ 39
　　2.1.5　2010年以前学前教育财政投入园际间差异 ······ 48

2.2 2010年以来我国学前教育财政投入的特征事实 ·············· 50
　　2.2.1 2010年以来学前教育财政投入持续增长 ·············· 50
　　2.2.2 2010年以来学前教育财政投入的基本特征 ············· 52

第3章　我国基础教育公共投入结构选择的演变趋势及后果 ······· 71
3.1 我国基础教育公共投入结构选择的演变趋势 ················ 71
　　3.1.1 2010年以前我国基础教育公共投入偏向的空间特征 ····· 71
　　3.1.2 2010年以后教育财政相关政策梳理 ·················· 73
　　3.1.3 2010年以后我国基础教育公共投入偏向的空间格局
　　　　 及变化 ··· 76
　　3.1.4 我国学前教育公共投入的现实困境 ·················· 79
3.2 学前教育成本分担情况及变化 ························· 80
　　3.2.1 生均学前教育财政性经费的分布及变化 ·············· 80
　　3.2.2 学前教育政府分担情况及变化 ···················· 82
　　3.2.3 学前教育家庭分担情况及变化 ···················· 83
3.3 我国基础教育公共投入结构偏向的后果 ·················· 85

第4章　我国基础教育公共投入结构策略互动行为的机理分析 ····· 88
4.1 财政分权下地方政府行为博弈分析的一般模型 ·············· 88
　　4.1.1 地方政府行为模式分析的主观博弈模型 ·············· 88
　　4.1.2 地方政府行为模式分析的演化博弈模型 ·············· 91
　　4.1.3 地方政府行为模式的演化博弈分析 ·················· 93
4.2 "中国式分权"下锦标赛晋升机制 ······················· 97
　　4.2.1 锦标赛的定义 ··································· 97
　　4.2.2 我国地方官员锦标赛晋升机制 ······················ 98
　　4.2.3 锦标赛与政府官员的激励 ·························· 99
4.3 地方政府基础教育公共支出选择的策略互动博弈分析 ········· 100
　　4.3.1 地方政府A和B经济发展水平接近且学前教育财政
　　　　 支出成本较高 ··································· 100

4.3.2 地方政府 A 和 B 经济发展水平接近且学前教育财政
　　　支出成本较低 ·· 101
4.3.3 地方政府 A 和 B 经济发展水平存在明显差异 ········· 103
4.4 基于多任务委托代理理论的地方政府基础教育公共投入
　　结构策略互动行为分析 ··· 104
4.4.1 多任务委托代理理论模型的一般分析 ················· 104
4.4.2 中央与地方的多任务委托代理模型 ···················· 106
4.4.3 地方政府基础教育公共投入结构策略互动行为分析 ····· 106

第 5 章 我国基础教育公共投入结构选择策略互动行为实证检验 ······ 109

5.1 计量模型的设定 ··· 109
5.2 空间权重矩阵的构造 ·· 114
5.3 数据来源、主要变量说明 ··· 115
5.4 实证结果分析 ·· 117
　5.4.1 普通面板回归结果 ·· 117
　5.4.2 空间自相关性检验 ·· 120
　5.4.3 空间杜宾模型回归结果 ··································· 124
5.5 稳健性检验 ··· 130

第 6 章 改善我国基础教育公共投入结构的政策建议 ·················· 133

6.1 "做对激励"是规范地方政府公共教育投入行为的当务
　　之急 ··· 133
6.2 因地制宜，合理界定教育公共服务供给的市场与政府边界 ··· 133
6.3 降低地方教育财政分权度，合理界定各级政府学前教育
　　公共服务供给责任 ·· 136
　6.3.1 中央政府在学前教育公共服务中的责任 ············· 137
　6.3.2 省级政府在学前教育公共服务中的责任 ············· 140
　6.3.3 县级政府在学前教育公共服务中的责任 ············· 142

  6.4 从确立公共服务供给最低标准入手,逐步推进学前教育公共服务均衡发展 …………………………………………… 143

第7章 结论与展望 ………………………………………… 145
  7.1 结论 ……………………………………………………… 145
  7.2 展望 ……………………………………………………… 146

参考文献 ……………………………………………………………… 147

第1章 绪 论

1.1 研究背景

《中华人民共和国教育法》规定,我国实行学前教育、初等教育、中等教育、高等教育的学校教育制度。大量研究表明,越低层级的教育的社会外部性越强,越高层级的教育的私人外部性越强,因此从财政支出的效率出发,政府应将较多的财政资源配置到低层级教育中。

近年来,我国的教育财政投入不断加大,2012年我国财政性教育经费支出占GDP比重首次达4%,至2019年连续8年保持在4%以上。但教育领域的突出问题(如"入园难""家庭教育负担不合理增长"等)并未随着公共教育财政投入的不断加大而得到解决,有的问题甚至有加剧趋势,这说明加大财政投入未能从根本上消除教育事业发展的主要矛盾。同时,在经济增速放缓的背景下,进一步加大公共教育投入空间已非常有限,面对居民不断提高的教育需求,教育发展必须从"数量增长"向"结构优化"转型。我国是一个区域经济发展、地方政府财政能力、人力资源禀赋极不平衡的国家,各地需要有不同的公共教育投入政策与地方经济发展结构相适应[1]。但实际情况是,中央为防止地方政府"重基建、轻教育"的教育财政投入扭曲行为,往往"一刀切"地规定地方各级各类教育财政投入的比例,从而造成"经济异构"与"教育同构"并存,严重降低了公共教育投入的配置效率。因此,现实中迫切需要设计出一种新的制度安排,以保证地方公共教育投入决策行为与经济发展结构相适应。

1.2 文献综述

1.2.1 财政分权与公共服务供给的研究

本研究试图将有关财政分权理论具体应用于教育部门中,所以首先围绕财政分权理论进行学术史梳理。在政治经济学、公共经济学和区域经济学研究长久不衰的热点问题中,财政分权与公共产品和服务供给的关系是其中的重要部分,国外学者进行了大量的理论和实证研究,分析影响机制和影响效果等方面的问题。Hayek(1945)指出,中央政府在了解当地实际情况等方面明显不如地方政府,地方政府在满足居民的公共产品和服务需求方面要有效率得多。

Tiebout(1956)认为,由于民众可以选择不同的地区居住,而投票也是地方政府需要完成的重要指标,所以地方政府为了获得更多的票数,需要满足对居民公共服务偏好的要求。Stigler(1971)强调,运用转移支付等财政手段协调地方政府之间因竞争而产生的利益冲突,解决分配不公问题是中央政府的主要责任;对有限资源进行有效配置、提高地方经济效率、实现地方社会福利最大化则是地方政府的责任。Oates(1972)根据福利经济学的理论,认为一个地区内提供的公共产品与服务需要和地区内的收支相平衡。Rich(1979)认为,如果政府的财政政策提出要均衡地区财政能力,就必须按照居民的响应诉求来分配公共服务,从而减少分配时对特定阶层和群体的偏向性,实现更加公平、公正的目标。

1.2.1.1 财政分权理论

两种经典理论——不对称信息和财政竞争——解释了财政分权可能影响政府行为的机制。在不对称信息理论方面,Tiebout 从公共物品入手,提出了"用脚投票"理论,探讨通过地方政府供给公共物品的行为促进地方政府良性竞争的可能性。他认为,某辖区居民为了使自己对公共物品的需求获得满足以及利益最大化,他们可以在不同辖区内自由迁移以寻找能够提供服务与所征收税收最优的地方政府。因此,地方政府要想吸引选民,就必须按照选民的要求供给公共产品,从而达到帕累托最优。Musgrave主要考察了财政的三个基本任务,进而论证地方政府的存在是有依据的,中央政府的存在也是必然的结果,并指出财政联邦主义的核心在于根据地方居民偏好差异,配置稀缺公共资源,中央政府则负责稳定地方政府良性竞争。Oates(1972)首先提出了不对称信息在决定财政结构中起到的作用。他强调,地方政府比中央政府在获得地方居民对公共物品供给的需求信息途径上更有优势。在这种情况下,将支出责任下放到地方政府可以使这些政府更好地满足当地居民的需求,公共稀缺资源的分配也会变得更加有效。这一时期,理论界并没有对财政分权与政府规模之间的相关性提出确凿的猜想。财政竞争理论对财政分权与小规模政府之间的联系进行了明确预测。财政竞争理论认为,假设一个仁慈的政府试图最大限度地提高公民福利,财政竞争可能导致公共产品供给"竞相降低",政府支出水平低效。相比之下,Brennan和Buchanan(1980)预测,吸引流动生产要素(如资本和劳动力)的跨辖区竞争会限制政府过度征税,这是一种更为现实的假设,即政府总是最大化收入而不是社会福利。这就形成了经典的财政分权理论——利维坦假说,该假说强调通过加强跨辖区竞争和强制执行地方政府对其辖区的责任。因此,利维坦假说意味着财政分权将能够有效控制政府规模扩张,对形成小规模政府具有重大意义。

尽管具有理论吸引力,但利维坦模型可能不适合现实情形。事实上,中央和地方政府通常会通过允许中央政府收取大部分收入然后将资金转移到地方政府来为其支出提供资金,进而避免这种跨辖区竞争。这种财政安排引发出的问题是:地方政府的支出决策并不依赖于资金来源,这将一方面使得收入无法限制支出,政府规模膨胀问题应运而生;另一方面,地方公共支出部分来自向辖区以外的居民征收的税收,这将激励地方政府花费比使用自己的税收时更多的钱。这一结果被描述为文献中的共同问题[2]。支出与收入责任之间的差距越大,财政分权的作用越弱,最终结果是地方政府规模可能越来越大。

近年来,财政分权理论中更多得引入了激励理论和高层机制设计理论,形成"第二代财政联邦理论"。20世纪90年代以来,越来越多的学者开始关注财政分权的顶层设计问题,如 Montinola(1995),Qian(1996),Conyer(1990)等。他们认为,完善政府治理的前提是必须建立起一个合理的财政分权体系,使得地方政府能够在这种治理框架下良性竞争,而不以设租、寻租为手段,只有这样才能保障公共物品供给的合理性和高效性,只有这样才能真正促进经济乃至社会的健康发展。分权绩效的差异较大程度地决定了地方政府的发展及对地方公共物品供给结构和供给效率的优化[3]。

经济分权与垂直的政治管理体制紧密结合是中国式分权的核心内涵。在财政分权管理体制背景下,地方政府通过主导公共物品供给影响着经济增长模式。在中国式财政分权背景下,一方面分税体系的有效建立为地方政府获得固定税源提供了有力保障,这对地方政府保持发展积极性来说是有效的财政激励;另一方面,中央政府设定了"官员晋升锦标赛",它以 GDP 为核心考察地方政府政绩,使得地方政府的发展重点在经济上而不是设租和寻租,"竞相发展"由此而生,它为地方政府竞争提供了有力的政治激励。在财政激励和政治激励的双重影响下,地方政府为了在晋升锦标赛中获得有利地位,不惜开展过度竞争,造成经济发展的成本扭曲,产生地区差距逐渐增大、市场分割逐渐增强和通货膨胀逐渐严重等问题,地方政府的投资性偏好使得对基础设施建设投入加大而减少对保障性公共物品的供给,最终将导致福利损失[4]。

1.2.1.2 财政分权影响公共服务供给的机制

(1)居民偏好显示机制

长期以来,公共服务供给效率与财政分权的关系一直备受关注。Shah(1998)认为,评判公共服务供给效率的重要依据是公共服务能否满足居民需求,即将"回应性"(responsiveness)作为评判公共服务供给效率的标准。Musgrave(1939)与 Hayek(1945)[5]均从信息的角度出发,认为地方政府对地方信息的获取具有优势,更了解当地居民的实际需求,因而公共服务由各地方政府提供更有效率。清楚地了解居民的需求偏好是实现公共服务有效供给的前提条件,但是在公共服务供给领域,并不存在公众偏好的自动显示机制。公共选择理论家们试图通过投票的方式来解决偏好显示问题。从形式上看,投票的确是显示偏好的有效手段,但 Samuelson(1954)[6]认为,地方政府在提供公共产品和服务时,基本上都存在着"搭便车"的情况,因此居民选举并不能完全提高公共投入的效率。Tiebout(1956)则首先把公共服务供给和财政分权明确地联系在一起,并做出机理解释,他认为居民(投票者)可以在不同地区之间自由流动,以此来体现自己对公共产品的需求,通过这种"用脚投票"机制可以有效地显示地方公共服务供给效率。这一模型成为支持分权的主流理论。Buchanan(1965)的"俱乐部理论"从另一个角度为"用脚投票"机制做了更有说服力的注释。但在 Tiebout(1956)模型中,地方政府的效率问题是自然给定的,没有涉及政府的"合意性"问题(accountability)。Stigler(1957)[7]进一步证明,对于居民偏好具有明显区域差异的公共服务(即异质的公共服务),通过地方政府"量身定制"将能极大地改善公共服务的合意性。Musgrave(1959)[8]则提出"财政联邦主义"(Fiscal Federalism),主要讨论了中央和地方政府收入和支出责任分配的问题,认为通过税权在各级政府之间分配是可行的,所以给了地方政府更多自主决策的事权。这种分权的核心原则在于:地方政府负责提供外溢性较小的公共服务,分配与稳定政策则由中央政府负责,因为地方政府代表当地选民,对于后者来说,既无能力也无意愿来承担。Oates(1972)讨论分权的成本分担和实际效果,认为一方面在分权供给公共物品时,地方政府难以控制公共产品的外部性;另一方面,集中供给公共物品的困难在于,中央政府无法对地区在公共服务类型和质量上的差异化偏好作出调整。因而 Oates(1972)的"分权定理"也提出,分税制的一个要点在于公共服务不同和集中供给经济之间的权衡。由此形成了较为完整的第一代财政分权理论,通常假定公共决策者是仁慈的社会福利最大化者,主要关注最优政策的确定。

(2) 地方政府竞争机制

第二代财政分权理论认为,政府官员的激励是重要的,必须考虑其自利动机,地方政府并不必然以促进社会福利为目标,地方政府竞争机制出现。第一代财政分权理论提出,财政分权会带来地方政府之间的竞争行为,由于能更多地获取居民需求的信息(Oates,1972;Tiebout,1956),所以地方政府在提供公共物品时会提升效率。后来的学者通过研究也得出相似的结论,认为财政分权让地方政府更有意愿在社会性服务方面提供过多的财政投入(Estache,1995;Zhuravskaya,2000),因此缓解了经济发展不平衡区域的社会性投入产出差异(Habibi,2001),也缓解了地方政府在公共产品需求方面的不平衡现象(Kwon,2003)。财政资源(即税收)与晋升(或连任)是地方政府官员目标函数中的两大核心变量。相应的地方政府竞争机制可以归为两大类:税收竞争和标尺竞争。财政分权下的"税收竞争"和"标尺竞争"共同构成了公共支出效率改进的来源,或者说财政分权主要是通过激励政府间竞争而发挥作用的[9,10]。当激励的制度安排发生改变时,竞争的动力和结果也会呈现出明显的不同。地方政府官员提供的公共服务是多任务和多维度的,如果某种激励机制只能满足地方政府在特定领域内的投入需求,那么就会导致该地区其他方面的公共服务规模较小,使得公共服务供给效率较低[11]。

可将税收竞争概括为两个方面:税收竞争机制与外溢效应机制。对于前者,Zodrow和Mieszkowski(1986)[12]的税收竞争模型认为:假定资本在各区域能够自由流动,若A区域提高资本税率,将导致本地资本流出到B区域,从而降低了A区域的税基提高了B区域的税基。因此,A区域和B区域的理性选择都是竞相降低税率从而增加本地税基,那么就会出现税收"扑向底部竞争"(race to the bottom),这种竞争可能会导致税率降低和公共物品供给不足[9]。对于后者,Bjorvatn和Schjelderup(2002)[13]考虑到公共服务的外溢效应,认为若A区域通过降低资本税率吸引B区域资本流入A区域,B区域资本外流会导致该区域的公共服务水平下降,根据外溢效应进而也会降低A区域居民的福利水平。因此,公共服务的外溢效应会直接改变地方政府对公共服务供给的偏好。

标尺竞争往往会通过绩效考核的相互比较来解决信息不对称的问题。

由于存在着这种信息不对称问题，居民很难通过已公开的信息了解地方政府的显性绩效，往往会以其他地区政府的行为表现作为本地区政府绩效的评判标准，使得本地区政府在制定财政收支政策时，会模仿或依赖空间上的关联地区的政府决策。Shleifer(1985)[14,15]是最早明确提出标尺竞争概念的学者，并首先将标尺竞争理论应用于政府管制领域。Besley 和 Case(1995)为此设计了一个选举经济模型，假设存在大量可比的同质地方政府，处于信息弱势的选民则可以通过与其他地方政府的业绩进行比较来评价本地官员。地方官员为了获得连任，会努力争取在这种相对业绩的比较中胜出。这种基于选民压力的、以相对业绩比较为目标的地方政府竞争被称为"自下而上的标尺竞争"。标尺竞争是地方政府提高公共服务供给效率的重要动力之一[16]。

但是 Kwon(2003)认为，第一代的财政分权理论可能在发展中国家难以实现，Prudhomme(1995)认为这反而会让地方政府投入的经费难以高效地满足居民需求。这一观点同样适用于中国。郭庆旺等(2008)、傅勇(2007)[17]等学者认为由于中国的地区发展存在不平衡和不充分的现象，财政分权在不同地区会产生不同的效果，因而会导致地方公共服务供给出现效率低下、供给结构不合理及供给水平差距过大等问题。针对这一部分问题，Oates(1972,1999)[18]等人认为，地方政府需要构建合理的转移支付的制度。卢洪友(2006)则认为，"预算软约束"等问题的存在令确定转移支付的类型成为难题，为了促进落后地区教育水平的提高，需建立以公共服务大致均等化为基本目标的转移支付制度。纵观现有研究文献，关注财政分权对公共物品供给直接影响的较少。考虑到中国目前的教育支出具有明显的财政分权化特征，及其对促进公平经济增长的重要作用，探求财政分权对教育支出的直接影响具有重要意义。研究方法上，多数学者运用了传统线性分析方法，但受制度性因素的影响，财政分权程度不同，其对公共物品供给的作用方向与程度可能也不同。

第一代和第二代财政分权理论都强调政府间竞争的作用，认为政府间的竞争是财政分权效率提高的重要保证。Brennan 和 Buchanan[19]以及奥茨在最初的分析中认为"用脚投票"的居民流动机制促使地方政府之间的竞争，因而会比中央政府更好地服务于居民。张璟和沈坤荣（2008）认为，中国的分税制改革实现了中央和地方政府在经济分权的同时保持了政治上的中央集权，导致我国地方政府之间竞争的加剧，形成地方政府"为增长而竞争"的竞争格局。周业安（2003）认为，中国的财政分权是政治集权和经济分权并存，带来了地方政府之间为了政治利益展开经济资源的竞争。陈抗和顾清扬（2002）通过构建一个中央与地方政府的博弈模型，用省级面板数据说明在90世纪年代中期分税制导致了地方政府从"援助之手"到"攫取之手"的行为转变。傅勇和张晏（2007）认为，财政分权下基于政绩考核的政府竞争，造就了我国地方政府公共支出结构的扭曲，表现在重基本建设、轻人力资本投资和公共服务。马光荣（2008）的研究结果认为，中国的财政分权会导致城乡之间的发展更加不平衡，财政投入可能会偏向于城市。张恒龙和康艺凡（2007）认为，财政分权后政府间的财政竞争改变了财政均等状况，加上地方政府官员政绩考核使得地方政府财政支出结构更易于出现结构性扭曲[20]。汤玉刚（2012）用政府间横向和纵向竞争解释了公共支出结构偏差问题的根源。周黎安（2004）通过建立地方官员政治晋升博弈的简单模型，认为财政分权令地方政府官员围绕政治和经济的双重竞争加剧，这是导致我国长期存在地方保护主义等恶性竞争的重要原因[21]。方红生和张军（2009）实证研究了中国地方政府的周期性政策反应函数，认为中国地方政府的"扩张偏向的财政政策"是中国式分权的治理模式和预算软约束相互作用的结果。

关于地方政府竞争对非经济性公共产品供给影响，随着众学者对地方政府竞争对公共产品供给结构影响的研究趋于成熟，不少专家从分析地方政府竞争对公共产品供给结构影响的研究中获得启示，进一步延伸，深入研究了地方政府竞争对非经济性公共产品供给的影响，并且在此领域有了一定建树，但对于地方政府对非经济性公共产品供给的影响效应仍未形成统一观点[22]。其中有一部分学者认为，政府竞争对非经济性公共产品供给有着正向效应。在国外，Tiebout（1956）提出"用脚投票"理论，认为地方政府竞争有利于促使非经济性公共产品的有效供给。Stiglitz 和 Dasgupta(1971)在 Tibout 理论提出后最早将研究的视角转移至地方政府竞争与非经济性公共产品供给的研究上,他们指出,为辖区内地方政府竞争奠定基础的政府行为正是相对分散地供给非经济性公共产品,进一步印证了 Tiebout[23]所强调的潜在利益。国内学者张军等(2007)使用 GMM 方法实证研究,结果表明地方政府间在"招商引资"(FDI)上的锦标赛竞争与政府治理模式的转型有助于我国非经济性公共产品的投资,进一步佐证了激励非经济性公共产品的投资受到分权、Tibout 机制以及政府转型的影响。彭芳梅和孙久文(2014)通过研究发现,在为吸引更多的外商直接投资(FDI)而展开竞争时,地方政府会加大在非经济性公共产品上的支出。

另一些专家则持有相反观点,他们认为政府竞争非但不会为非经济性公共产品供给带来正向效应,反而会不利于当地非经济性公共产品的供给。①规范分析层面:Bucovetsky(1991)把目光放在了"不对称的税收竞争"的研究中,通过对比不同地区的税收竞争后发现不对称税收竞争现象的存在,并指出其会导致地区非经济性公共产品供给过少的现象;岳书敬和曾召友(2005)指出,地方竞争具有积极作用和消极作用两种效应,其中消极作用是会造成重复建设、恶性竞争且使得非经济性公共产品供给水平降低。②实证分析层面:沈坤荣和付文林(2006)采用空间计量的方法实证分析了各省级地方政府的税收竞争,指出税收竞争虽然会引起地区经济增长,但对非经济性公共产品的供给会产生抑制效应。"中国地方政府竞争"课题组(2002)实证研究发现,地方政府间竞争的目的是获取更多有利资源和外商投资,这恰恰会在引起基础设施重复建设的同时,使得地方政府重经济建设而轻社会效益的非经济性公共产品。宝云、范剑勇和冯兴元(2005)采用 1979—2001 年的各省面板数据并运用二阶段(2LGS)回归模型研究了我国财政分权下的初等教育公共产品的情况,研究得出在地方政府竞争对初等教育具有负的效应的结论。郑磊(2008)实证分析了财政分权、政府竞争对地方政府教育支出的影响,结果表明地方政府间竞争与财政分权会抑制教育供给水平[24]。罗贵明(2017)则基于我国 1994—2014 年的各省级面板数据,研究发现财政分权下的地方政府竞争会挤占公共教育，且发现邻近地方政府间竞争还会影响当地公共教育。李成宇等人（2014）更是采用1997—2011年省级面板数据，通过使用空间杜宾模型研究了财政分权和地方政府竞争对公共教育支出的影响，指出本地政府竞争直接抑制公共教育支出，相邻地区的政府竞争对本地区的公共教育支出有负的空间溢出效应，这为本文研究的实证部分提供了重大启示[25]。

还有专家在地方政府竞争对非经济性公共产品供给的影响效应的研究中持中立态度，认为该效应受众多因素左右而无法确定。张旭东和周振（2017）指出，地方政府竞争程度的增加提高了经济型公共产品的供给量，而无法确定其对民生型公共产品供给的作用[26]。邹蓉（2013）以中国内地省份1999—2011年的面板数据为研究对象，实证发现地方政府竞争会因为地域差异而对非经济性公共产品的供给产生不同的效应。马恩涛（2008）研究了地方政府竞争对关系社会整体福利的非经济性公共产品的影响，发现不同群体政府间竞争产生的效应会有差异，这源于生产要素缺乏流动性。

（2）财政分权对公共服务供给的影响

在传统财政分权理论中，认为财政分权与社会总体的福利水平有正向关系。单纯地从财政分权理论出发，财政分权有利于地方公共服务供给效率的提升。Frey（1996）将地方政府竞争促进公共服务水平提高的原因概括为两点：第一，"用手投票"机制，地方政府相较于中央政府具有了解本地居民需求偏好的比较优势，同时提供公共物品的成本更低，因此本地居民在选择中偏好于本地政府；第二，"用脚投票"机制，假设人口可完全自由流动，居民会根据自己的需求偏好选择符合偏好的辖区，该辖区公共服务的供给水平是影响居民选择的重要原因，因此辖区之间会因居民的偏好选择而存在一定的竞争，各辖区的公共产品供给水平会受到竞争机制的刺激[27]。Zhuravskaya（2000）利用俄罗斯各个城市的财政预算数据进行分析，发现税收和公共物品供给水平的提高不会受到中央和地方财政共享的显著影响，地方政府自有收入的变化会将财政共享收入带来的变化抵消，政府过度集权因此出现。结果显示，财政分权会推动当地政府的组建，地方政府公共品的供给水平因此得到提高。贾智莲和卢洪友(2010)基于省级政府数据进行分析,发现财政分权与公共品供给存在负相关关系。丁菊红(2008)对1988—2004年我国省份数据进行分析,以研究经济发展情况不同、财政分权程度不同的地区对公共物品供给情况、结构的影响。结果显示,东部沿海等发达地区的公共品供给和该地区的经济发展会受到财政分权度提升的正面影响,但是中西部欠发达地区并没有出现该现象。郑垚等(2018)基于转移支付的"粘蝇纸效应"理论、财政资金的"可替代效应"理论以及地方官员行为理论阐述了转移支付、地方财政自给能力与地方基本公共服务的支出规模和支出偏好的作用机理,并采用我国2007—2015年31个省级行政区的面板数据,建立门槛效应面板模型进行实证检验。结果表明:第一,转移支付能够有效扩大地方基本公共服务的支出规模,这种促进作用存在单门槛效应,财政自给率高于门槛值,转移支付的促进效果有显著提高;第二,转移支付无法有效改善地方政府"重经济建设,轻公共服务"的支出偏好,但是在高财政自给能力下,地方政府支出偏好显现出向基本公共服务靠拢的趋势。

1.2.1.3　中国式财政分权

钱颖一等(1998)首次提出了中国式财政分权的概念,认为中国分散化的财政体制硬化了预算约束[28]。后有研究者将其特征归结为政治集权和经济分权的结合。我国采取的是自上而下的政治管理制度,地方政府官员由中央政府委派,这为地方政府官员贯彻中央政府的意图提供了足够的政治激励。当中央提出"以经济建设为中心"的号召后,地方政府不仅为扩大本地税基而努力追求经济增长,也为向上级政府显示自己的政绩更加热衷于经济增长。由于政治任务存在特殊性,中央政府和地方政府官员间也存在着信息不对称的问题,中央政府也因此需要依靠相对业绩比较来考核地方官员,使得标尺竞争机制再次发挥作用。这种基于中央政府考核压力的地方政府之间的相对政绩竞争,被称为"自上而下的标尺竞争"。自上而下的标尺竞争的结果是,中央政府重点考核的任务(政绩显示型任务)会得到足额甚至是超额的完成,从而挤占了外部性较强的公共服务的财政支出。

在中国式财政分权制度之下,经济增长能给地方政府带来税收和晋升上的双重收益,由此创造了中国经济增长的奇迹。但在经济持续高速增长的同时,中国式财政分权的代价也渐渐显现出来,其中尤为突出的是民生问题日益激化。其原因在于,在自上而下的标尺竞争中,决定地方政府行为取向的是上级政府的考核,而不是当地居民的偏好。地方政府对于GDP的狂热追求,使得大量的政府资金投向了那些能直接带来GDP增长的基本建设等生产性投资,事关教育、医疗、社会保障等民生问题的社会性投资却被一再压缩。近年来大量的实证研究结果证明,中国式财政分权以及基于GDP考核的政府竞争,在公共支出结构上造就了地方政府"重基本建设,轻人力资本投资和公共服务"的严重偏向,且有加剧的趋势[29,30]。

经济分权与垂直的政治管理体制紧密结合是中国式财政分权的核心内涵。在财政分权管理体制背景之下,地方政府通过主导公共物品供给影响着经济增长模式。在中国式财政分权背景之下,一方面分税体系的有效建立为地方政府获得固定税源提供了有力保障,这对于地方政府保持发展积极性来说是有效的财政激励;另一方面,中央政府设定了"官员晋升锦标赛",以GDP为核心考察地方政府政绩,使得地方政府的发展重点在经济上而不是设租和寻租,"竞相发展"由此而生,它为地方政府竞争提供了有力的政治激励。在财政激励和政治激励的双重影响下,地方政府为了在晋升锦标赛中获得有利地位,不惜开展过度竞争,造成经济发展的成本扭曲,产生地区差距逐渐增大、市场分割逐渐增强和通货膨胀逐渐严重等问题,地方政府的投资性偏好方面,加大基础设施建设投入,减少对保障性公共物品的供给,最终将导致福利损失。

对于我国来说,政治体制的不同导致我国的财政分权制度与西方的财政联邦主义也有着本质上的差别,国内学术界总结为"用手投票"和"用脚投票"机制的失灵,即"中国式财政分权"。这也导致了在研究财政分权制度时,针对我国的结论和西方有着许多不同。1994年"分税制"改革以来,"中国式财政分权"才开始实行,这便导致国内学术界对于相关财政分权制度的研究起步较晚。进入21世纪之后,财政分权与以教育为代表的公共服务供给之间的关系成为了热点研究问题,学术界对此开展的研究越来越多。在研究财政分权与公共服务供给之间的关系时,国内学术界并没有给予财政分权一个固定的范畴,在不同的文献中有着不同的衡量标注,还需进一步深入研究。平新乔和白洁(2005)认为,在满足地区居民对公共服务的需求时,地方政府比中央政府更具有信息传递上的优势,即当地居民对公共服务的需求有变化时,当地政府具备敏感度,财政分权制度的实行增加了该敏感度。范剑勇(2005)认为,对于我国的公共服务来说,户籍制度可能使得居民的"用脚投票"和"用手投票"机制失灵,导致公共服务水平无法提升。乔宝云(2007)经过研究发现,财政分权后并没能增加小学义务教育的有效供给,这主要源于财政政策实施过程中的错误,因此针对财政支出及支配能力,加强省级以下政府权力是我国的改革方向。陈抗(2002)指出,自1994年税制改革以后,利益获得者是中央政府,这与当前提高地方公共服务供给效率的根本目标相悖,当前我国财政分权的实际进程是逐步集中财权和逐步分离事权。傅勇(2007)对我国财政分权与公共服务、物品供给的关系进行了分析,我国财政分权无法提升地方公共产品和服务供给水平的重要原因在于我国的财政分权制度与国外经典的财政分权理论相悖。

由于我国的政治体制是自上而下的,对财政分权的研究起步也较晚,因此对市、县级的财政分权研究较少,为空白领域。不过由于近年来中央政府对地方政府的机构和职能进行调整和改革,学术界对于省级以下政府财政分权的相关研究开始增多。张光(2009)根据各省县、县级市和市辖区的数据得出地方支出占全省财政总支出的比重,用于衡量各省财政分配至县级单位的具体程度,认为县级及以下的地方政府承担了大部分公共物品的供给工作。李一花等(2014)根据之前财政分权的测算,从一般预算内外收支等角度出发,构建了全口径财政收支分权指标,对我国县级财政分权进行了研究。孙开等(2019)从地方政府间权责安排的角度出发,分析了我国地级市层面财政分权程度省际差异下的财政压力与地方政府基本公共服务支出偏向之间的相关关系[31]。研究结果表明,在地方上、下级政府间权责关系基本协调、匹配的基础上,地方政府财政压力的增加不会显著影响其基本公共服务支出偏向;但当地方上、下级政府间存在权责错配时,财政压力的增加则会显著降低地方政府基本公共服务支出偏向[32]。

1.2.2 中国式财政分权下公共教育投入的研究

近年来,"财政分权"越来越多地进入到了我国教育财政投入体制的研究视域。关于财政分权下公共教育投入政策能否有效改善我国教育公平和资源配置效率,争议颇多。一方面,宗晓华(2015)、柏檀等(2018)[33,34]认为,地方政府与中央政府的目标差异会造成教育资源配置扭曲,"财政分权、政治集权"的体制对中国基础教育投入有负面影响,导致我国各级政府所负担的教育责任与其财力不匹配,地方政府教育支出存在"重物轻教""重城轻乡""重物轻师"等行为偏差,扩大了地方之间的教育资源差异,造成地区间、城乡间教育不公平程度的扩大。宋映泉(2019)指出,尽管学前教育财政投入持续增加,但政府成本分担水平过低且不公平,弱势群体家庭的学前教育成本分担有日益加重的趋势,学前教育财政投入模式是造成该问题的体制性根源[35-37]。另一方面,龚锋等(2013)认为,地方政府对于掌握当地教育水平和辖区内居民偏好具有信息优势,教育财政分权使公共教育投入政策能更适应当地情况,"用脚投票"机制能够约束地方政府的公共教育投入政策行为,提高教育供给效率。

理论界关于财政分权与教育供给关系之间的现有文献(无论是国外还是国内)都以实证研究为主,已有的财政分权对公共品供给的研究方法为具体研究财政分权与教育问题提供了理论基础与平台[38]。

对于财政分权与教育供给之间的关系,国外学者的实证研究结论不尽相同,一些学者持积极态度,如 Zhuravskaya(2000)通过对俄罗斯的教育投入情况进行分析,发现俄罗斯财政分权后的政府激励会促使地方政府加大对基础教育的财政投入;Habibi(2001)通过对美国、阿根廷的数据分析得出"财政分权有利于教育、卫生等基本公共服务水平的提高"的结论;Faguet(2004)通过研究玻利维亚基本公共服务数据后得出结论,财政分权对当地政府供给教育、卫生等基本公共服务起到正向的推进作用;Hannum 和

Wang(2006)从2000年中国人口普查数据库中,按0.95‰的比例抽取样本做微观抽样调查,认为分权对消除地区间的不均衡起到积极的推进作用,虽然他们的研究结果因为数据过于微观而受到质疑,有人提出这种结论并不适用于分析全国整体性的教育支出。与此相反的结论也出现在很多文献中,如West和Wong(1995)通过研究发现,财政分权导致一国在教育、卫生等公共产品上的开支明显减少,尤其贫困地区表现明显。Edward.Fiske(1996)通过关于墨西哥义务教育的政府投入数量的实证研究发现,财政分权没有提高义务教育投入水平,或者说趋势很不明显;Bardhan(2002)认为,财政分权对义务教育的负面影响主要来源于制度方面的原因;Zhang和Kanbur(2005)基于中国城乡之间公共服务差异化的扩大趋势和城乡内部差异化的扩大趋势认为,中国20世纪80年代后的财政分权改革是导致这一现象的根本原因,数据基于省级面板,并且发现差距仍然在持续的扩大。Bonet(2006)在研究1995年至2005年十年间导致哥伦比亚教育资源区域差异化严重的原因时提到,正是因为财政分权才引发了这种差异化的持续效应,并提出在改革财政分权体制中,有效的激励机制是最重要的,只有这样才能促使地方政府高效地利用资源。推而广之,很多发展中国家对财政分权体制的具体设计存在很多漏洞,尤其体现在转移支付划拨和财权事权方面。Busemeyer(2008)通过使用混合数据来分析世界上21个国家的财政分权与公共教育支出的关系,发现在不同层面得出的结论完全不同:①在国家层面上,财政分权减少了公共教育支出;②在地区层面上,财政分权增加了公共教育支出。West和Wong(1995)也提出了横向转移支付的缺失是造成区域间公共服务差异扩大化的直接原因。R.S.Ckausr(2002)指出,通过建立回归模型表明预算外收入是影响中国义务教育支出的主要来源,中国实际上已经形成了公共服务付费体制。

关于中国教育公共支出的研究重点关注投入规模问题。一些学者致力于探讨最优教育财政投入规模的确定问题,指出在考虑财政收入规模的前提之下,存在使经济增长最大化的最优教育财政投入规模。2012年,教育投入实现了占GDP4%这一目标,随后部分学者开始以"后4%时代"为主题,着力探讨今后我国公共教育财政支出的走向问题[41],以及教育投入长效保障机制的建立问题。部分学者仍然认为,我国财政性教育经费支出占 GDP 比重不仅低于主要西方和东亚发达国家的均值,而且低于主要发展中国家的均值,未来仍需提高教育财政投入整体水平。现有文献中较少有系统讨论我国学前教育事业发展主要矛盾的。学者田志磊和张雪(2011)倾向认为我国学前教育的主要问题是"普惠性学前教育资源不足";柏檀等(2012)[42]认为学前教育财政投入严重不足;田志磊和张雪(2011)、王海英(2016)[43-45]认为学前教育政府分担水平过低,分配不公;王海英(2014)[46]还认为公办园比例过低;虞永平(2008)、庞丽娟(2017)等学者[47-50]认为学前教育没有立法。

针对中国教育财政投入结构的研究偏重于横向不均衡问题,主要包括:从现实和政策评估的角度看,我国义务教育非均衡发展的状况仍然没有得到根本改变,在校际、城乡和区域之间甚至存在着继续扩大的趋势[51]。我国教育财政投入地区间不均衡,经济发展的不平衡造成了教育投入的非均衡性,各省间生均教育经费差异呈扩大趋势,小学与初中的省内生均教育事业性经费支出也不均衡。另有部分学者用实证的方法检验"以县为主"和"新财政机制"改革等影响区域间教育财政支出不均衡的因素[52]。多位学者都指出,有限的学前教育公共财政经费向教办园的倾斜性投入是一个饱受诟病的历史性问题,即少量公办幼儿园特别是机关办园依靠特定政府部门的预算拨款占据了大量公共教育资源,集体幼儿园主要是靠企业自有资金维持,而占据我国幼儿园大比重的民办幼儿园少有财政支持,主要依靠个人出资和家长交纳的保育费。"学前教育成本分担"课题组通过研究指出,政府成本分担呈东西高、中部凹的格局,家庭成本分担呈现中部高、西部低的局面,省际间成本分担差异显著[53-55]。

1.2.3 公共教育政策与经济增长关系的研究

长期以来,学术界一直致力于从理论和实证两个层面探讨公共教育政策(主要集中于公共教育投入规模)与经济增长的内在关系,但并未给出一致结论。

大部分学者认为,公共教育支出与经济增长呈现正相关关系。刘晔和黄承键(2009)运用个体变截距固定效应模型开展研究,发现教育支出对经济增长的促进作用明显。王尹君(2018)运用固定效应模型,将31个省份教育支出的面板数据分为2000—2006年和2007—2015年两个时间段进行研究,分析其在我国不同地区的表现,以探究教育支出对经济增长的影响,并探究两者间的非线性影响,得出结论:教育支出对经济增长的促进作用显著,且随时间的推移增大;而教育对经济的带动作用随经济发展水平的提高而减弱。另外,教育支出对经济增长的影响在研究中的两个时间段不仅有大小差异,还体现出非线性的变化[56]。詹新宇和刘文彬(2019)认为,从总体上看,财政性教育支出对经济增长质量的影响显著为正,实证研究表明该结果稳健。进一步对数据进行分时间段回归分析,发现经济增长质量效应与财政性教育支出的变化呈现负相关,财政教育支出提高时经济增长质量效应减弱;对其影响因素进行分析后发现,财政性教育支出显著地提高了人均受教育年限,进而对经济增长质量产生显著的提升作用[57]。

也有学者认为,在内生经济增长的框架下,公共教育投入通过影响人力资本积累,间接地作用于长期经济增长。Paul M. Romer(1990)、Paul S. Segerstorm(1990)、Philippe Aghion和Peter Howitt(1992)等人则认为,有意识的投资、创新和发明的内生技术进步是经济增长的源泉。同时,由于知识和人力资本存在外溢效应,投资与资本收益率可以是知识存量和资本存量的递增函数,在更大的已有知识存量下进行投资,将获得更高的收益率,促使经济以更大的幅度增长。以上结论说明,知识存量的差异可决定各国投资与资本收益率的差异,最终影响各国的长期经济增长。Lucas R.(1988)通过引入人力资本积累因素(主要是人力资本的外部性与人力资本生产中的正反馈)来解释技术进步和经济增长的内生性。罗默模型将知识或技术进行完全内生化的解释,认为知识和技术研发是经济增长的源泉,是经济主体实现利润极大化的投资决策行为的产物,由专门生产创意或知识产品的研究部门生产。这种技术以两种方式进入生产:第一种,技术会被用于中间产品,并进而通过中间产品数量和种类的增长提高最终产品的产出;第二种,技术变化会增加总的知识量,通过外溢效应提高研究部门的人力资本生产率,实现经济的长期增长。张长征和李怀祖(2005)通过几个实证研究发现,教育公平与经济增长质量显著正相关,因为教育公平可以通过提高人力资本积累水平、优化人力资本结构来加速技术进步,继而提高生产率,促进经济增长。因此,政府要加大交易投入以促进教育公平,要将有限的资源更多地投入义务教育和基础教育中。叶茂林(2005)认为,教育从提高人力资本的积累水平以及推动技术进步与创新两个方面对经济发展产生影响,以此提高经济资源的配置效应。王俊和孙蕾(2005)认为,由于教育难以对人力资本的提升产生立竿见影的效果,因此短期内的正向作用并不明显;教育会在长期内发挥作用,对经济增长的作用存在时滞性。祝树金和虢娟(2008)通过建立开放条件下教育支出、教育部门技术溢出效应影响经济增长的经验模型进行实证研究,研究表明教育部门对经济中其他生产部门的技术溢出受到人力资本水平、研发投入和贸易开放等因素的影响,它们相互结合共同推动地区经济增长。高新雨和王叶军(2018)的研究也得出了教育财政支出对经济增长的影响具有时滞性的特点。这是因为各层次教育都具有学制限制,从教育财政支出到人力资本的转化需要一个漫长的过程,再以人力资本带动经济增长,因此以教育财政支出带动经济增长需要很长的周期[58]。李军(2019)得出了与 Barro(1991)一致的结论,即人力资本与公共教育支出共同促进了经济的增长,其中,公共教育支出是人力资本投资的主要方式,而人力资本是经济增长的内生因素。他还认为,应加大对中低收入群体的教育投入以促进人力资本的积累,因为在中低收入家庭中,政府支出对家庭支出的替代作用更强,有利于减轻其支出压力,进而为经济可持续增长提供保障。

有学者不认为公共教育投入与经济增长呈现正相关关系。Devarajan 等人(1996)基于 43 个发展中国家的面板数据开展研究,结论为公共教育投入对经济增长具有显著的抑制作用。Blankenau 和 Simpson(2004)认为,私人投资和公共投资的投入都十分影响人力资本积累,公共教育支出的增加一方面会增加经济的稳态增长率,另一方面使促进经济增长的其他因素产生挤出效应,使其对经济的增长产生反向作用。这使得在一定范围内,公共教育支出对经济增长的影响并不单一,还受到政府支出水平、税收结构和生产技术参数等因素的影响。郭庆旺(2009)等学者认为,公共教育投入对经济增长的影响并不确定,因为这取决于公共教育资源的内部配置。另外,我国地方公共教育投入政策也没有充分发挥对地区经济增长的促进作用,对基础教育投入的倾斜更有助于促进经济的长期增长。龙翠红和洪银兴(2011)认为公共教育支出对经济增长的影响从短期和长期看都是显著的,但短期内呈现抑制作用,长期内呈现促进作用,这是因为公共教育方面支出的增长会挤占其他财政支出,而公共教育作为一项长期投资不能在当期立即对经济增长产生促进作用。因此从总体来看,公共教育支出将抑制短期内的经济发展,对经济增长产生负向作用;而在长期过程中,公共教育支出的长期积累能够对经济增长产生促进作用,并且该作用会不断增强,[59]因此其对经济增长可以产生显著正向作用,在长期内促进经济增长。

多位学者通过实证研究发现,教育支出对经济增长的影响具有较明显的区域差异。①从国际层面来看,Blankenau 等人(2006)以 23 个发达国家和 57 个发展中国家的面板数据为基础进行研究,发现公共教育支出对发达国家和发展中国家的经济增长的促进作用不同,其对发达国家的经济增长具有稳健的促进作用,但对发展中国家的经济增长的促进作用不显著。②从国内层面来看,学者们主要研究了在中、东、西部三个地区,教育投入对经济增长的影响。刘晔和黄承键(2009)运用个体变截距固定效应模型,将 1996—2006 年 30 个省份的面板数据拆分为 1996—1999 年和 2000—2006 年两个时间段进行研究,发现总体上教育支出对经济增长的促进作用明显,但 2000—2006 年间教育的贡献率较 1996—2000 年有所下降;通过分析东、中、西部地区的教育经费对经济增长的贡献差异后,还得出了"教育的产出弹性在西部小于东部"这一结论。高永红(2016)用面板协整和误差修正模型对东、中、西部地区公共教育支出与经济增长的关系进行研究,发现两者间具有明显的双向因果关系,对比东、中、西部公共教育支出对经济增长的贡献度后发现，在西部其贡献度要大于东、中部地区。王弟海(2017)运用OLS、RE、FE等多种计量方法进行研究，与许多学者得出的结论相同，他们发现我国公共教育支出水平的提高对经济增长具有显著的促进效应，分地区看可以发现，该促进效应在经济发达地区比经济欠发达地区更为显著。周泽炯(2017)构建了包含公共教育在内的内生增长模型，研究发现公共教育支出在东北地区对经济的促进作用较明显；与其他学者的研究结果一致，公共教育支出对东、中部地区的经济增长也有较好的促进作用，对西部地区的促进作用较少。葛涛和李金叶(2018)也对不同地区的教育投入对经济增长的作用进行了比较，发现东部地区的教育投入对其经济增长的正效应最为显著；与许多学者的研究结论不同的是，他们发现中部地区的教育投入在一定程度上抑制了经济增长，而西部地区的教育投入能够促进经济增长。詹新宇和刘文彬(2019)在研究中通过对比发现东部和中部地区的财政性教育支出对经济增长的效应显著为正，对东部的经济增长效应又极大地大于中部，而西部地区的财政性教育支出并没有对其经济增长产生显著影响。杨博文(2019)基于东、中、西三大地区的面板数据进行研究后发现，东部地区和中部地区的公共教育支出对区域经济增长贡献较大且效果显著，西部地区则具有一定滞后性，效果不显著；同时，与其他公共支出指标、外贸水平、第三产业比重等其他因素相比，公共教育支出对区域经济贡献较大，是促进各区域协调发展、均衡一致的有效工具。

1.2.4 地方政府间公共财政投入互动行为机制的研究

地方政府间公共财政投入互动行为机制大致可归纳为三类：外溢效应机制、财政竞争机制、标尺竞争机制。

第一类是外溢效应机制，主要刻画的是地方政府间公共教育投入行为的直接形成机制，强调财政政策的辖区外溢效应会直接改变其他辖区政府偏好，从而导致地方政府财政政策决策行为具有明显的空间相依性。邵军(2007)利用2001—2005年全国各省市相关变量的平均数值，对我国地方财政支出的空间外部性进行了经验研究，结果表明，从总体上看，地方财政支出具有显著的正外部效应。张宇麟(2008)采用 Case 等(1992)提出的空间经济学模型,发现我国各省 1994—2006 年的财政支出存在着明显的外溢效应。冯等田和沈体雁(2009)通过财政支出的相邻效应检验发现地理相邻权重的系数在 0.8 以上,这表明一个地区的财政支出会显著影响另一个地区的支出水平,他们认为联系效应是产生该影响的一个重要原因。联系效应是指政府借助财政支出对经济的直接干预,经济活动在空间中的连续性会引致其他地区经济规模的扩张和财政支出能力的提升。因此,基于对 GDP 竞争的反应,地方政府在决定财政支出时,不仅会考虑本地区社会经济状况,也会参照相邻省份的人均财政支出,并随着这些省份财政支出的增加而增加。张虎和赵炜涛(2017)运用空间计量模型,从空间相关性和空间异质性两个维度,探讨了财政支出、城市化水平与经济增长之间的空间特征。基于省级面板数据的实证结果显示,经济增长存在显著的空间相关性和正向空间溢出效应。陈创练等(2017)在 Solow 模型中引入地理距离和技术进步变量分析了经济增长的空间溢出效应,基于空间滞后模型、空间误差模型和空间杜宾模型的面板数据实证分析结果显示,区域经济增长的空间溢出效应明显,其中东、中部地区的空间溢出效应大于西部地区。同时,城市间的经济增长满足条件收敛,进一步分析发现,地理距离是区域经济增长条件收敛不可忽视的因素。王胜华(2018)认为,我国各省份经济整体呈现空间正相关特征。区域层面,东部地区政府支出对经济增长的空间溢出效应最大。东部和中部的市场化程度使经济增长具有空间外溢性特征,而西部地区经济增长的空间外溢性特征不明显,这在一定程度上与西部地区市场化程度不高有关。区域经济政策在促进本地区经济增长的同时也带动了相邻地区经济的增长。周文通和聂伟(2019)对京津冀各区县的财政支出进行研究,认为该地区的财政面临周边区县财政支出显著为正的溢出效应。若周边区县地方政府扩大财政支出规模,而本地政府维持财政支出规模不变,那么本地的经济发展和公共服务供给可能会处于不利地位,于是本地政府将随之加大财政支出力度。另外,周边区县的经济发展对本地财政支出规模有负向溢出效应,本地经济能够从周边区县良好的经济发展态势中获益,从而减轻本地财政支出压力。同时,周边区县人口在一定程度上会分享本地公共服务业,周边区县人口规模越大,分享的本地公共服务越多,本地财政支出的压力也越大,即周边区县的人口规模对本地财政支出规模有正向的溢出效应。

第二类是财政竞争机制,强调地方政府为争夺有利于本地区社会经济发展的稀缺资源而表现在行为上的策略互动。冯等田和沈体雁(2009)认为地方财政支出具有示范效应。地方官员一方面担心市场经济条件下资源要素的流失,另一方面希望以政绩对其晋升产生帮助依托作用,因此他们之间将进行政绩竞争,当一个地方的财政支出扩张后,其他地区的支出也会跟进。伍文中(2010)利用变异系数标准对我国地方政府间的财政支出竞争进行了论证,发现我国的财政支出竞争策略仍有明显的低度化倾向,该倾向在西部地区更为明显。财政支出竞争中的争夺对象在西部主要为流动资本,在东部逐渐变为抢人。王文剑(2010)通过研究发现,在行政集权和财政分权的背景之下,地方官员面临晋升压力和经济发展压力,倾向于通过财政竞争,强化对生产型基础设施的建设支出,在短期内促进该地区的经济增长以增加业绩。周业安(2003)利用一个博弈模型,指出由于垂直化行政管理架构和资源流动性的限制,地方政府在地区竞争中往往会采取保护性、掠夺型策略,从而导致资源配置效率低下,阻碍经济增长。郭庆旺和贾俊雪(2006)通过构建一个博弈模型,指出地方政府在财政利益和政治晋升的双重激励下,总是有利用违规优惠政策进行引资的强烈动机,从而对宏观经济稳定造成巨大冲击。王爱民(2009)认为,地方政府竞争和政府治理是分权后地方政府行为的表现形式,通过分析发现地方政府竞争对公共教育支出产生负影响。谢芬等(2013)对财政分权背景下的地方政府以财政进行财政竞争以促进经济增长的方式进行研究,他们认为,由于地区资源有限,地方政府通过加强当地民生与社会保障的建设来吸引劳动、资本要素流入,最终以此促进当地经济增长。除此之外,基于民生财政支出的正向溢出效应,一方面,民生建设的效益溢出使得部分地方政府倾向于"搭便车"行为,从而引发民生财政支出的"逐底竞争"态势,最终"两败俱伤";另一方面,民生财政支出的福利外溢效应为探索协调推进区域一体化民生建设,构建民生建设合作网络提供了可能。张合金(2014)从外资引入的角度开展研究,发现地方政府间的财政支出竞争有利于扩大地区外商投资规模,促进地区经济增长。王华春和刘清杰(2016)[60,61]通过空间杜宾模型对地区间财政支出竞争问题进行研究,结合政治晋升博弈理论,发现地方会通过扩大基础设施财政支出规模来提高经济发展速度,增加地方官员晋升概率。李承怡(2019)从地方政府财政预算软约束角度出发,发现地方政府在预算软约束下纷纷表现出民生财政支出的"逐底竞争"。曾康华(2020)基于微观企业视角,指出地方政府间财政支出竞争有利于提升地区资本要素吸引力,影响企业投资区位选择。

第三类是标尺竞争机制,侧重强调公众以其他地区政府政策行为作为本地区政府绩效的评判标准,从而产生一种标尺效应,使得本地区政府在制定财政政策时不得不考虑其他地区政府行为。Besley 和 Case(1995)则将标尺竞争的理论应用到了新政治经济学领域。他们指出,类似于政府和企业间的委托代理问题,选民和政府间也存在信息不对称的问题,同质程度较高的可比地方政府的存在,使得政府之间的标尺竞争能够减轻由选民信息弱势导致的委托代理困境。Revelli(2004)[62,63]在地方财政支出反应函数中引入制度变革时间哑变量,发现标尺竞争机制在英国地方政府间策略互动行为的形成中发挥了重要作用[64]。张晏、夏纪军和张文瑾(2010)[65]利用我国1987—2004年的省级面板数据,检验并证实了地方政府生产性支出的相关性以及这种相关性的跨时和地区差异。他们认为,我国省级政府生产性公共支出的外溢性主要来自我国地方政府之间自上而下的标尺竞争。Caldeira(2012)在 Besley 和 Case(1995)[66,67]的基础上构建了一个自上而下的中国式标尺竞争模型,作为委托人的中央政府利用信息外溢通过比较不同地方政府的公共支出水平来决定地方官员是否留任,从而导致地方政府会参照其他竞争者调整相应的财政政策。这与传统的"用手投票"机制下的标尺竞争机制所产生的效果是一致的。周亚虹、宗庆庆和陈曦明(2013)[68]采用标尺竞争的理论模型,利用312个地市级教育支出数据开展研究并得出结论：地市级政府在教育支出上存在标尺竞争，经济距离相近地区之间出于标尺竞争的模仿激励要高于地理相邻地区。Terra 和 Mattos(2017)[69]运用巴西 2007 年关于"基础教育发展指数"的信息公开改革，对市政府间教育支出的标尺竞争机制进行识别。他们通过研究同样发现，改革后，教育支出的空间自相关程度大幅下降。钱金保和才国伟(2017)[70]在引入纵向外部性的基础上，利用税收类别、换届周期和行政级别三个外生因素，对我国地方政府间税收策略互动的成因进行识别。经过多重识别，发现标尺竞争是导致地方政府间税收策略互动的主要原因。徐永辰(2020)利用 2007—2011 年县级面板义务教育支出数据，通过剔除干扰性因素对标尺竞争机制进行识别，得出以下结论：一个县与相邻县的义务教育支出不存在策略互动，同省内的县级政府间则存在非常显著的策略互动；实证分析的结论在很大程度上能够说明标尺竞争是导致县级政府间教育支出策略互动的主要原因；对三个识别策略的分析结果也表明，省内竞争者数量越多，策略互动程度越高[71]。换届年份的策略互动程度显著强于其他年份。

1.2.5　研究评述

本章围绕公共教育财政投入相关问题对财政分权与公共服务供给、中国式财政分权下公共教育投入、公共教育政策与经济增长关系、地方政府间公共财政投入互动行为机制几个方面的国内外研究文献进行了系统性梳理[72]。对现有文献资料的梳理能为本文研究工作的开展提供坚实基础，现有文献资料所提供的思路和方法为本文研究思路的确定和方法的选取提供了帮助。

现有关于政府支出经济增长效应的国内外相关研究，既有共识性方面的体现，也有个性方面的特征；既有值得借鉴的地方，也存在一些研究的不足。从目前的已有研究来看，"财政分权"越来越多地进入我国教育财政投入体制的研究视域，大量的研究结果表明"财政分权、政治集权"的体制对我国基础教育投入有负面影响，导致我国各级政府所负担的教育责任与其财力不匹配，财政集权与教育财政过度分权之间出现结构性失衡。目前，我国教育公共支出的研究重点多在于投入规模这一问题,一些学者指出,在考虑财政收入规模的前提下,存在使经济增长最大化的最优教育财政投入规模;部分学者以"后4%时代"为主题,着力探讨今后我国公共教育财政支出的走向问题,以及教育投入长效保障机制建立问题;部分学者仍然认为,我国财政性教育经费支出占GDP的比重较低,未来仍需提高教育财政整体投入水平。目前,关于我国教育财政投入结构的研究偏重于横向不均衡问题,如我国义务教育非均衡发展的状况仍然没有得到根本改变;我国教育财政投入地区间不均衡,经济发展的不平衡造就了教育投入的非均衡,包括各省间及省内不同教育阶段内的生均教育经费不均衡;另有部分学者用实证的方法检验"以县为主"和"新机制"改革等影响区域间教育财政支出不均衡的因素。总之,在既有的研究中,对教育财政投入规模问题的研究多于对教育财政投入结构问题的研究;对教育财政投入增量调整问题的研究多于对教育财政投入存量调整问题的研究;对教育资源在地区间、城乡间、校际间的的横向不均衡问题的研究多于对教育层级(从学前教育到高等教育)间的层级结构问题的研究[73]。

在已有的关于教育财政投入的研究基础上,本书将结合与公共教育政策和经济增长的关系,以及地方政府间公共财政投入互动行为机制相关的研究,从地方政府的策略互动行为寻找公共教育投入政策的动因,证明地方公共教育投入结构的决定存在一定空间依赖性,为深刻理解公共教育投入决策行为提供新的视角[74,75]。本书将运用空间杜宾模型,估算地区公共教育投入结构政策反应函数,识别出地方政府间公共教育投入结构空间关联的具体形成机制,丰富和深化财政分权理论向微观公共部门的拓展。

1.3 研究意义

1.3.1 理论意义

党的十九大强调"把教育事业放在优先位置"。公共教育投入政策通过促进人力资本积累进而影响经济增长水平,一直是教育经济学的重要议题之一。既有文献对这一议题的研究结论是不确定的:有研究证明公共教育投入显著促进了经济增长,也有证据表明两者的相关性不明显(Easterly and Rebelo,1993),还有的研究表明公共教育投入抑制了经济增长(Devarajan et al.,1996)[76]。本书认为,这些研究结论之所以迥异,很大程度上源于他们忽略了公共教育投入政策与经济发展结构的匹配性。不同的经济发展阶段需要不同的人力资本结构与之相适应,人力资本结构则受到公共教育投入政策的影响。本书拟在考察地方政府公共教育投入目标函数与经济增长函数的扭曲基础上,基于"中国式分权"(即政治集权和财政分权相结合)的制度背景,探讨地方政府在财政能力和政绩考核双重约束下的公共教育投入行为[77]。通过对这种投入行为的决定机制、空间关联、博弈结果的分析,可以清晰地揭示我国公共教育投入政策中存在的问题及未来面临的挑战。本研究是公共财政理论在教育部门的具体应用和检验,是公共财政理论向微观公共部门深入和拓展的一次有益尝试。

1.3.2 实践意义

在经济增速放缓的背景之下,进一步加大公共教育投入的空间已非常有限,面对居民不断提高的教育需求,教育发展必须从"数量增长"向"结构优化"转型。我国是一个区域经济发展、地方政府财政能力、人力资源禀赋极不平衡的国家,各地需要有不同的公共教育投入政策与地方经济发展结构相适应。但实际情况是,中央为防止地方政府产生"重基建、轻教育"的教育财政投入扭曲行为,往往"一刀切"地规定地方各级各类教育财政投入的比例,从而造成"经济异构"与"教育同构"并存的现象,严重降低了公共教育投入的配置效率。因此,现实中迫切需要设计出一种制度安排,以保证地方公共教育投入决策行为与经济发展结构相适应。财政投入决定是政府行为,而地方政府行为之间是存在相互竞争与模仿的,即存在策略互动行为。本书从解析地方公共教育投入行为的决定机制入手,试图明晰:目前我国公共教育投入政策与经济发展结构的匹配状况如何?影响地方公共教育投入决策行为的决定机制为何？地方政府之间在公共教育投入决策中是否存在空间关联？研究结论将有利于改善公共教育投入决策与经济发展结构的匹配性，提高公共教育投入政策的有效性。

1.4 主要研究内容

（1）分析中国学前教育财政投入的历史、现状与趋势。首先，分别从地区间、城乡间、群体间及校际间的差异梳理 2010 年以前中国学前教育财政投入的主要问题；其次，分析 2010 年以来中国学前教育财政投入的特征事实[78]。

（2）中国基础教育公共投入结构选择及后果的时空演变。选择 2007 年、2012 年和 2017 年三个典型年份，运用空间分析软件分析不同省份之间中国基础教育公共投入结构选择及后果的时空演变，认为不同地方政府在进行基础教育公共投入结构选择时，可能存在空间依赖性，受相邻地区政府策略的影响。不同地区的基础教育公共投入结构偏向存在着一定的差距，导致我国出现不同省份学前教育发展不平衡的现象[79]。

（3）探究地方公共教育投入行为的决定机制。在中国现行"分级管理"的教育体制下，低层级的教育投入责任由低层级政府承担。在各地经济发展水平极不均衡、上级政府财政能力明显高于下级政府的情况下，各级教育的供给能力必然不同。同时，上级政府对下级政府的政绩考核重点又会显著影响下级政府对各级教育的供给意愿，并引发个地方政府之间的策略性竞争行为（以在政绩考核博弈中取得占优地位）。各层级教育的供给能力悬殊、供给意愿有异、供给能力与供给意愿不对称，都会引发公共教育投入结构存在问题。因此，本书拟基于财政分权理论，运用博弈论框架以及多任务委托代理理论模型，动态分析地方公共教育投入行为的决定机制，试图寻找我国公共教育资源配置失衡的制度原因。

（4）实证检验公共教育投入政策选择中是否存在地区空间关联及形成机制。从省份经济视角出发，利用空间计量和面板数据模型，检验相关地方政府（地理位置相邻，或经济发展水平相近，或政府财政能力相仿）公共教育投入结构是否存在空间关联。地方政府间空间关联的形成机制包括三种：外溢效应机制、财政竞争机制、标尺竞争机制。判明究竟是哪一种机制在发挥作用，对于政策的设计与改进有极大作用。通过空间计量模型估算地区公共教育投入结构政策反应函数，以识别出地方政府间公共教育投入结构空间关联的具体形成机制[80]。

（5）公共教育投入政策优化。针对公共教育投入结构与经济发展不相匹配产生的原因，为未来公共教育投入政策改革提出相应的可操作性政策建议，优化公共教育投入结构，以实现与经济发展水平、人力资本禀赋、地方居民偏好相适应的公共教育投入结构。

1.5　研究方法与逻辑思路

本书采用理论研究与经验研究相结合的方法。在理论分析中，主要应用委托代理理论、财政分权理论、博弈论以及关于政府竞争行为的相关研究成果，对"中国式分权"下地方政府公共教育投入政策的决定机制、空间关联的表现形式、博弈结果等问题进行细致分析。在计量分析方法的选择上，运用不完全信息动态博弈模型分析地方公共教育投入行为的决定机制，使用空间杜宾模型估算地方政府公共教育投入政策反应函数，以克服由于引入了空间滞后项以及存在着共同冲击所导致的扰动项带来的空间相关性，并在相当程度上解决动态面板数据结构中可能出现的参数估计非一致性问题与联立内生性问题。

本书拟以公共教育投入结构与经济发展结构的适应性为切入点，分析我国公共教育投入结构在时间趋势和区域分布上的变化规律。基本研究思路是：中国特殊的教育分级管理体制和财政分权体制—导致地方政府之间在公共教育供给能力和供给意愿上的不均衡分布以及意愿和能力之间的非对称性—引致地方政府为完成公共教育政绩考核目标而表现出竞争性互动行为—影响公共教育公共投入结构与经济发展结构的匹配性[81]。从具体研究路径来看，首先分析归纳前人已有研究基础，其次把握公共教育投入结构的现状与趋势,然后运用数理模型证明公共教育投入结构中可能存在的地方政府策略互动行为,其后运用实证数据检验说明策略互动行为的确在发挥作用、发挥作用的机理及其对重大政策变化的反映,最后给出相关政策建议。

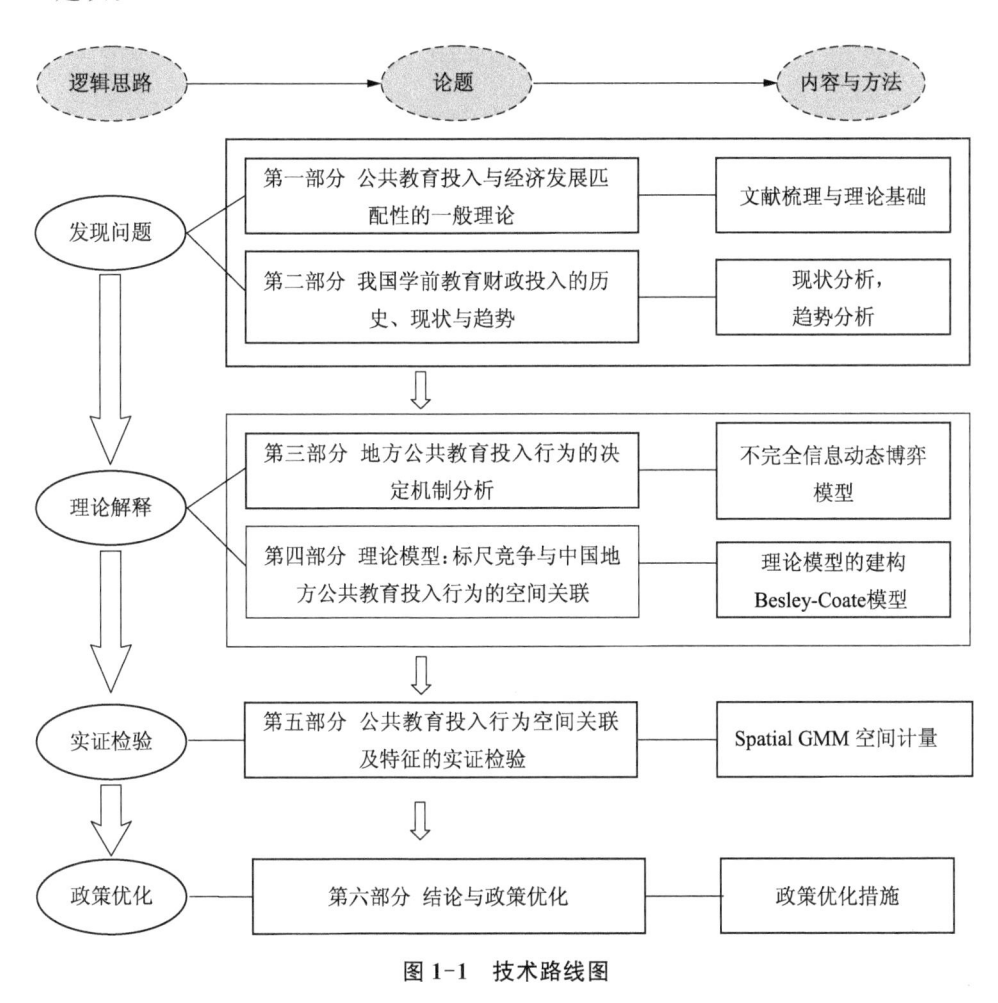

逻辑思路	论题	内容与方法
发现问题	第一部分 公共教育投入与经济发展匹配性的一般理论	文献梳理与理论基础
	第二部分 我国学前教育财政投入的历史、现状与趋势	现状分析,趋势分析
理论解释	第三部分 地方公共教育投入行为的决定机制分析	不完全信息动态博弈模型
	第四部分 理论模型:标尺竞争与中国地方公共教育投入行为的空间关联	理论模型的建构 Besley-Coate模型
实证检验	第五部分 公共教育投入行为空间关联及特征的实证检验	Spatial GMM 空间计量
政策优化	第六部分 结论与政策优化	政策优化措施

图 1-1 技术路线图

1.6 可能的创新之处

(1)从地方政府的策略互动行为中寻找公共教育投入政策的动因,证明地方公共教育投入结构的决定存在一定空间依赖性,为深刻理解公共教育投入决策行为提供新的视角。

(2)运用空间杜宾模型,估算地区公共教育投入结构政策反应函数,识别出地方政府间公共教育投入结构空间关联的具体形成机制,丰富和深化财政分权理论向微观公共部门的拓展。

第2章 我国学前教育财政投入的历史、现状与趋势

2.1 2010年以前我国学前教育财政投入的主要问题

2.1.1 2010年以前学前教育财政投入总量不足

2.1.1.1 学前教育毛入学率偏低,反映出资源供给短缺

我国2006年的学前教育毛入学率为62%,但该年发达国家和转型期国家的学前教育毛入学率已分别达到79%和62%,这说明当时我国的学前教育发展仍处于较落后的状态。经过4年的时间,2010年我国学前教育毛入学率突破50%,达到56.5%,但该比率仍远低于发达国家和其他新兴经济体。我国较低的入园率充分反映出我国学前教育发展的缺失。数据显示(见图2-1),1997—2000年我国的幼儿园总数保持在18万所左右,随后经历了国有企业改革浪潮,大部分国有企业附属幼儿园被"关停并转",导致2001年的幼儿园总数锐减至11万所。虽然经过一系列的恢复措施,到2009年,幼儿园总数恢复至13.8万所,但相较10年前的接近20万所,缩减幅度仍然有30%之多。因此在当时,居民所面对的"入园难"问题,主要是由幼儿园总数较少,学前教育资源供给不足所导致。

2.1.1.2 公办幼教资源占比日益降低

通过进一步深挖幼儿园总数减少的问题发现,锐减在很大一部分程度上是因为公立幼儿园数量的减少。1997—2009年这12年间公办幼儿园的

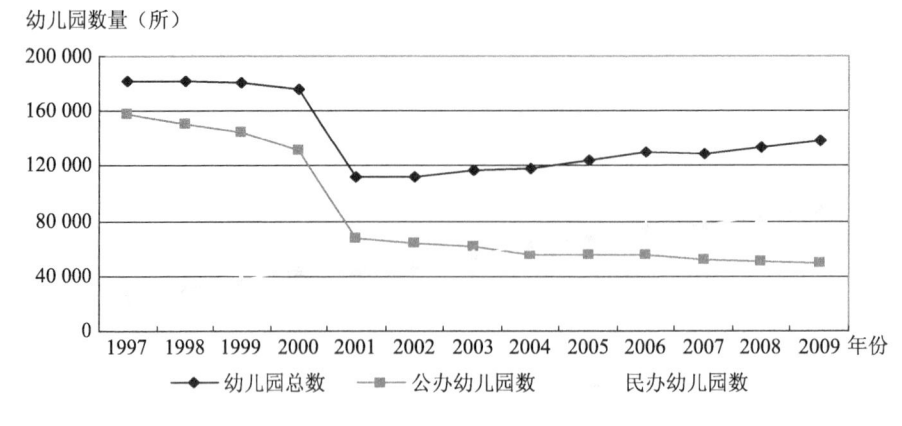

图 2-1 1997—2009 年我国学前教育资源供给(园所数量)变化

减少总数达 10 万,据数据统计,从 1997 年的 157 842 所减少到 2009 年的 48 905 所,公立幼儿园占幼儿园总数的比例从 86.50% 降至 35.38%;与此同时,民办幼儿园的数量却一直在增长,从 24 643 所增加到 89 304 所,占幼儿园总数的比例从 13.50% 升至 64.62%(见图 2-1)。但从总体数量来说,民办幼儿园数量的增长并没有弥补因公办幼儿园数量减少而产生的学前教育资源短缺问题。

可以从表 2-1 中明显看出,从幼儿园在园人数层面来看,2005—2009 年,公办幼儿园在园幼儿数占在园幼儿总数的比例逐年下降,从 69.34% 降低到了 57.33%;同时,民办幼儿园在园幼儿数占在园幼儿总数的比例逐年上升,从 30.66% 提高到了 42.67%。

表 2-1 2005—2009 我国在园幼儿数

年份	在园幼儿总数(人)	公办幼儿园 人数(人)	公办幼儿园 占比(%)	民办幼儿园 人数(人)	民办幼儿园 占比(%)
2005	21 790 290	15 109 365	69.34	6 680 925	30.66
2006	22 638 509	14 881 638	65.74	7 756 871	34.26
2007	23 488 300	14 800 819	63.01	8 687 481	36.99
2008	24 749 600	14 929 262	60.32	9 820 338	39.68
2009	26 578 141	15 236 447	57.33	11 341 694	42.67

资料来源:教育部网站。

在我国,"公办"幼儿园和"民办"幼儿园的本质区别在于该幼儿园是否能得到政府财政的支持。公办幼儿园数量的大幅减少、公办幼儿园在园幼儿数占在园幼儿总数比例的逐步下降,正说明了我国政府财政在学前教育投入中的减少和不足。

2.1.1.3 学前教育财政经费占总教育财政经费比例偏低

学前教育财政经费占总教育财政经费的比例能够反映出在整个教育财政中,学前教育能分得多少杯羹。2005—2010年,我国学前教育财政经费占总教育经费的比例一直徘徊于1.3%以下的水平;而同期OECD(经济合作与发展组织)成员国这一比例的平均值为8.09%(见表2-2),远高于我国的投入水平[82]。这说明,即使在教育领域内部,我国政府对学前教育的重视仍然不够,投入仍然不足,未能将学前教育的公益性充分体现出来,"将学前教育摆在更加重要的位置"这一观念并未在教育领域中被广泛理解[83,84]。

表2-2 2007年OECD各国学前教育财政经费占总教育财政经费的比例

国家	学前教育经费占总教育经费比例(%)	学前教育学生数占各级受教育学生总数比例(%)	国家	学前教育经费占总教育经费比例(%)	学前教育学生数占各级受教育学生总数比例(%)
澳大利亚	1.67	2.25	韩国	2.40	4.71
奥地利	8.55	13.80	冰岛	11.89	13.04
比利时	9.66	16.08	墨西哥	11.01	14.32
瑞典	9.75	16.37	荷兰	6.75	10.44
智利	8.97	8.28	新西兰	5.80	6.90
捷克	9.47	13.70	挪威	6.38	12.65
丹麦	10.40	19.22	波兰	11.40	10.25
芬兰	6.58	11.04	葡萄牙	5.91	7.97
法国	11.54	17.40	斯洛伐克	11.12	12.22
德国	11.02	14.63	西班牙	14.33	19.01
匈牙利	14.34	16.62	瑞士	4.22	10.11

续表

国家	学前教育经费占总教育经费比例(%)	学前教育学生数占各级受教育学生总数比例(%)	国家	学前教育经费占总教育经费比例(%)	学前教育学生数占各级受教育学生总数比例(%)
爱尔兰	0.06	0.08	英国	4.77	5.95
意大利	10.40	11.20	美国	5.92	8.72
日本	4.04	8.46	OECD平均	8.09	11.31

资料来源：OECD：Education at a Glance 2010。

2.1.1.4 学前教育经费的政府分担比例偏低

学前教育总经费来源主要包括三个部分：财政补助收入、事业收入和其他收入。它们分别对应政府、家庭和社会对学前教育的分担情况。通过对幼儿园总经费来源的结构分析，可以计算出学前教学成本的三者分担情况。

表2-3为2010年江苏省学前教育经费的结构来源，表中"财政补助收入"代表政府承担的教育经费，"事业收入"代表由幼儿家庭承担的费用，"其他收入"代表社会分担的费用。从表中可以明显看出，即使在公办园中，财政补助收入也仅占幼儿园全部经费收入的23.16%；若包含民办园，这一比例更是不足20%，仅为15.66%。另一方面，即使在公办园中，事业收入占幼儿园全部经费收入的比例也高达71.23%，这一现象让人颇为质疑公办幼儿园的"公办"是否真的具备字面意思上的公益性。

表2-3　2010年江苏省学前教育经费来源结构

分类	财政补助收入占总经费收入的比例(%)	事业收入占总经费收入的比例(%)	其他收入占总经费收入的比例(%)
不含民办幼儿园	23.16	71.23	5.61
含民办幼儿园	15.66	80.07	4.27

根据OECD国家统计的数据，在2007年OECD各成员国的学前教育投入中，政府投入占总经费的比例平均值为79.7%，瑞典、荷兰、比利时、法国、意大利、捷克、芬兰等国都超过了90%。相比之下，2005—2010年，我国

学前教育经费中政府分担的部分确实有很大的不足,这一点导致幼儿家庭负担沉重,尤其是对于中低收入家庭来说,这一点正是导致家长认为"入园贵"的根本原因。

2.1.1.5 预算内人员经费拨款占人员经费支出比例偏低

学前教育经费中最主要的支出项是教育人员的经费支出,即为幼儿园提供教育和服务工作的教职工的工资福利支出。当前我国对保教费收入有较为严格的限制,幼儿教师和职工的薪资福利待遇很大程度上取决于政府在人员经费上的投入。江苏省的调查数据显示(见表2-4),全省学前教育预算内人员经费拨款占人员经费实际支出的比例仅为27.58%。具体地说,在教育部门办幼儿园中,教师的工资福利支出有40%来自于政府拨款,而其他部门办和集体办幼儿园的这一比例只有20%左右,民办幼儿园的这一比例则不到1%。

表2-4 2010年江苏省学前教育预算内人员经费拨款占人员经费实际支出的比例

幼儿园办园体制	预算内生均人员经费拨款(元)	生均人员经费实际支出(元)	预算内人员经费拨款占人员经费实际支出的比例(%)
教育部门办	912.28	2 255.85	40.44
其他部门办	630.94	2 760.67	22.85
集体办	462.44	2 443.96	18.92
民办	18.24	2 169.97	0.84
全省均值	648.45	2 350.75	27.58

学前教育人员经费支出中政府拨款占比偏低的问题,是导致幼儿园教师工资待遇普遍低下的重要原因[85]。江苏省2010年调查数据显示(见表2-5),该年幼儿园在编教师平均工资为4.6万元,远低于本省义务教育教师的薪资待遇水平;聘用教师的平均工资仅为2万元左右,与在编教师的收入差异率接近50%,与本省职工最低工资水平大致相当,且其社会保障体系中的"三险一金"也大多没有保障。我国幼儿教师如此低的待遇水平必然吸引不了高素质的学前教育人才,学前教育教师水平结构偏低,这必然会给学前

教育的发展带来不利的影响。

表 2-5　2010 年江苏省学前教育教师收入状况

幼儿园办园体制	教师平均收入(万元)			两类教师收入差异率(聘用教师收入/在编教师收入)(%)
	全体教师	在编教师	聘用教师	
教育部门办	3.24	4.61	1.89	40.98
其他部门办	3.22	4.86	2.07	42.56
集体办	2.91	4.32	2.02	46.70
民办	2.56	4.00	2.24	56.09
全省均值	3.06	4.61	2.04	44.23

2.1.1.6　缺乏全国性的对低收入家庭幼儿入园的扶助措施

教育的关键功能之一就是平等化,即通过教育促进处于弱势状态的人群向上层流动,突破阶级层壁,从而促进社会的平等。2005—2010 年,国家也开始逐渐重视中低收入家庭难以支付学前费用的问题,针对这一问题,各地政府陆续出台了一些扶困措施,但单独的政策扶困并没有对这一现象有实质性上的改善,我国仍然缺乏一个全国性的、持续性的、大规模的学前教育扶困助学体系。在美国,仅以"开端计划"为例,自 2001 年以来,每年接受该计划资助的学前儿童人数都稳定在 91 万人以上,2008 年仅联邦政府在该项目上的支出就超过了 68.8 亿美元[86,87]。与美国相比,我国现有的扶持学前贫困儿童的措施都是零星的,缺乏一个完整的体系指导,一部分贫困孩童仍然入园无望。义务教育、高等教育都有一个明确的帮扶制度和体系,但学前教育的帮扶并没有制度和理论的支撑。当前的学前教育也迫切需要有这样的制度和体系,从财政投入上确保贫困家庭的孩子也能享受学前教育,以充分体现学前教育的公益性和普惠性[88,89]。

2.1.2　2010 年以前学前教育财政投入结构供给失衡

2.1.2.1　学前教育财政经费中公用经费占比偏低

公用经费(即商品与劳务支出)是指用于维持教育机构运转、开展教学活动和购置办学设备等方面的经费。公用经费的投入是衡量各级教育投入的重要指标之一,也是各项教育事业发展的基本保证。2005—2010年,用于幼儿园日常教育(即采购教育用品等)的费用占公用经费的比例较低,大部分占用公用经费的是幼儿园教师的福利薪资支出。资料显示(见表2-6),近年来,我国预算内公用经费支出占预算内经费支出的比例略有增长,但直至2009年,这一比例依然不足10%。公用经费支出的严重不足,大大影响了学前教育的质量,阻碍了幼儿教育事业的快速发展。

表2-6　公用经费支出占预算内经费支出的比例

年份	预算内经费支出(千元)	预算内公用经费支出(千元)	预算内公用经费支出占预算内经费支出的比例(%)
2007	8 796 231	760 461	8.65
2008	11 237 719	1 015 302	9.03
2009	13 950 305	1 327 894	9.52

资料来源:《中国教育经费统计年鉴》。

2.1.2.2　各级政府对学前教育财政投入的分担失当

近阶段,导致我国学前教育财政投入缺口较大的另一个原因是,我国相当一部分的教育财政投入是由当地区县、乡村、村级的政府在承担,并非是由上而下的,导致我国承担学前教育财政的责任中心总体处于偏低的位置[90]。在"国十条"推出之前,中央及省市级政府对教育财政的投入主要集中在普遍认为较重要的义务教育和高等教育阶段,较少将目光投于学前教育。我国特殊的财政分权体制令掌握财政大权的通常为区级以上政府,能够由县镇、乡村政府支配的资金数量其实非常少。同时,我国各区域经济发展步伐差异较大,各政府的财政支付能力不同,对于一些经济欠发达地区来说,解决义务教育和高等教育的财政投入就已让人焦头烂额,更别说拿出充足资金投入到学前教育中,这种情况使各地学前教育发展不平衡的现象雪上加霜[91]。

根据江苏省的统计数据显示（见表 2-7），在 2008—2010 年全省幼儿园所建设经费中，34.65% 来源于乡镇政府，占其来源的大部分；其次是园所自筹投入，占 30.70%；还有 23.10% 来自县区政府投入；市级政府投入只占 2.4%。可以十分明显地看出，在幼儿园财政投入中，上级政府的投入明显不足，结构重心偏下。

表 2-7　江苏省 2008—2010 年幼儿园所建设经费　　单位：亿元

地区	市级投入	县区投入	乡镇投入	村级投入	园所自筹	贷款	总计
苏南	1.12	9.48	14.68	0.670	7.55	0.26	33.75
苏中	0	0.72	2.56	0.003	3.69	1.23	8.24
苏北	0.14	1.90	0.86	0.040	4.85	2.59	10.39
全省	1.26	12.10	18.10	0.710	16.09	4.08	52.38

资料来源：江苏省学前教育情况调研，http://gzgl.etec.edu.cn/uids/xqjy。

分地区来看，苏南地区的建设经费投入达 33.75 亿元，分别是苏中和苏北地区的 4 倍和 3 倍。在这 33.75 亿元中，来自市级的投入只有 1.12 亿元，但由于苏南地区的县镇经济发展较快，政府财政富裕，因此能够承担较大的经费责任（两者投入之和，超过总投入的 70%）。相比之下，苏中和苏北地区的县域经济和乡镇经济都较为落后，因此对学前教育的投入也就显得捉襟见肘，更拉开了学前教育地域不均的差距。

2.1.3　2010 年以前学前教育财政投入的城乡差异

学前教育财政投入的分配不均还表现为巨大的城乡差距。我国在计划经济时期沿袭下来的城乡二元结构社会形态，在经济、文化和社会发展方面都形成了明显的城乡差异，这种差异在公共服务供给方面表现得尤为突出[92]。特别是农村税费改革之后，除了一部分乡镇企业比较发达的地区，大部分乡、村一级政府失去了主要的资金来源，财政能力明显下降。在这种情况下，寄望于乡村财政加大对学前教育的投入，显然是不现实的[93]。

从农业人口较多的苏北地区的调查数据来看(见表 2-8),2010 年该地区城市幼儿园的生均财政投入超过 500 元,农村的生均财政投入则不足 20 元。事实上,在许多财政困难的乡镇,除了唯一的乡镇中心幼儿园能获得少量的财政补助之外,其他幼儿园能得到的财政投入几乎为零[94]。

表 2-8　2010 年苏北地区学前教育城乡生均财政投入

区域	生均财政投入(元)
城市	523.14
农村	18.98

2.1.4　2010 年以前学前教育财政投入的地区差异

2.1.4.1　2010 年以前学前教育财政投入地区间差异的具体表现

由于我国学前教育的政府投入主体是地方政府,因此经济发达程度不同的地区对学前教育的财政投入水平差异巨大。从统计的角度看,我们常常以"预算内学前教育经费投入"代表学前教育财政投入的水平,来自《中国教育经费统计年鉴》的数据显示(见表 2-9),2009 年经济发达的上海地区生均预算内学前教育经费投入为 10 246.18 元,而经济欠发达的广西仅为 599.96 元,后者只有前者的 5.86%,差异巨大。

表 2-9　2009 年各地学前教育生均预算内经费投入　　单位:元

地区	生均预算内经费投入	地区	生均预算内经费投入	地区	生均预算内经费投入
北京	9 254.41	安徽	965.80	重庆	1 677.08
天津	8 554.03	福建	2 376.90	四川	993.42
河北	1 255.33	江西	1 583.82	贵州	1 667.02
山西	1 486.52	山东	857.27	云南	1 208.45
内蒙古	4 722.42	河南	1 245.05	西藏	8 653.21
辽宁	7 041.25	湖北	1 904.73	陕西	3 481.38

续表

地区	生均预算内经费投入	地区	生均预算内经费投入	地区	生均预算内经费投入
吉林	3 653.93	湖南	1 868.16	甘肃	2 028.34
黑龙江	6 572.34	广东	1 673.19	青海	4 274.99
上海	10 246.18	广西	599.96	宁夏	1 562.92
江苏	1 887.66	海南	2 109.95	新疆	5 136.73
浙江	2 857.38				

资料来源:《中国教育经费统计年鉴(2010)》。

即使在同一省份内,不同区域的发展也不均衡。江苏省的2010年调查数据显示(见表2-10),经济发达的苏南地区生均预算内财政经费达到1 524.48元,而经济欠发达的苏北地区仅为627.47元,前者是后者的近2.5倍。

表 2-10　2010 年江苏省不同地区学前教育生均预算内投入

地　　区	生均预算内经费投入(元)
苏南地区	1 524.48
苏中地区	958.21
苏北地区	627.47

2.1.4.2　案例分析——江苏省学前教育资源配置的区域差距测度

1. 研究方法及数据来源

(1) 基尼系数的分解

将基尼(Gini)系数引入教育资源配置领域,此时的基尼系数是一个从总体上衡量一国或地区内区域教育资源配置差异不均等程度的相对量统计指标,其值域为[0,1],数值越小,表示区域教育资源配置差异越小,数值越大,表示区域教育资源配置差异越大。使用 Dagum[①] 的方法对基尼系数进行分解如下。

---

① Dagum C. A new approach to the decomposition of the Gini income inequality ratio[J]. Empirical Economics,1997,22(4):515-531.

假设整个地区 P 具有 n 个子单元,每一个单元的生均教育资源(如生均教育经费、生均图书等)为 $y_i(i=1,2,\cdots,n)$,将 P 分为 k 个区域 $P_j(j=1,2,\cdots,k)$,P_j 的规模、生均教育资源的均值和累积密度函数分别为 n_j、$\overline{Y}_j$ 和 $F_j(y)$,y_{ji} 表示第 j 个区域的第 i 个单元的生均教育资源。根据基尼系数的定义,有

$$G=\frac{1}{2\overline{Y}n^2}\sum_{i=1}^{n}\sum_{r=1}^{n}|Y_i-Y_r|=\frac{1}{2\overline{y}n^2}\sum_{j=1}^{k}\sum_{h=1}^{k}\sum_{i=1}^{n_j}\sum_{r=1}^{n_k}|y_{ji}-y_{hr}| \quad (2-1)$$

式中:G 表示基尼系数;n 和 $\overline{Y}$ 分别表示整个区域的单元数量和生均教育资源的均值;$|y_{ji}-y_{hr}|$ 表示任何一对单元生均教育资源样本差的绝对值。

区域 P_j 内的基尼系数 G_{jj} 为

$$G_{jj}=\frac{1}{2\overline{Y}_j n_j^2}\sum_{i=1}^{n_j}\sum_{r=1}^{n_j}|y_{ji}-y_{jr}| \quad (2-2)$$

则区域内部教育资源差异对总体基尼系数的净贡献为

$$G_W=\sum_{j=1}^{k}G_{jj}P_j S_j \quad (2-3)$$

式中:$P_j=n_j/n$,$S_j=n_j\overline{Y}_j/n\overline{Y}$。区域 P_j 和区域 P_h 之间的基尼系数 G_{jh} 为

$$G_{jh}=\frac{1}{(\overline{Y}_j+\overline{Y}_h)n_j n_h}\sum_{i=1}^{n_j}\sum_{r=1}^{n_h}|y_{ji}-y_{hr}| \quad (2-4)$$

区域间基尼系数可以分解成两部分:

① $\overline{Y}_j>\overline{Y}_h$ 时,区域 j 和区域 h 中 $y_{ji}>y_{hr}$ 的差异,称为区域间教育资源净差异,对总体教育资源基尼系数的净贡献为

$$G_b=\sum_{j=2}^{k}\sum_{h=1}^{j-1}G_{jh}(p_j s_h+p_h s_j)D_{jh} \quad (2-5)$$

② $\overline{Y}_j<\overline{Y}_h$ 时,区域 j 和区域 h 中 $y_{ji}<y_{hr}$ 的差异,称为区域间教育资源逆差异,对总体教育资源基尼系数的净贡献为

$$G_t = \sum_{j=2}^{k} \sum_{h=1}^{j-1} G_{jh}(p_j s_h + p_h s_j)(1 - D_{jh}) \qquad (2-6)$$

式(2-5)、式(2-6)中：$D_{jh} = (d_{jh} - p_{jh})/(d_{jh} + p_{jh})$，为区域 P_j 和区域 P_h 之间的相对资源富有度。其中，

$$d_{jh} = \int_0^\infty dF_j(y) \int_0^y (y-x) dF_h(x)$$

$$p_{jh} = \int_0^\infty dF_h(y) \int_0^y (y-x) dF_j(x)$$

则 G 表示区域间差异对总体基尼系数的净贡献。

综上，

$$G = G_w + G_g = G_w + G_b + G_t \qquad (2-7)$$

(2) 研究单元和数据来源

不同的变量指标分析方法各有其不同的特点与性能，即使采用相同的区域教育资源差异测度方法，但由于所依据的地域单元和时间范围不同，所揭示的区域教育资源差异在不同空间层次、不同时段的变化特点可能不尽相同，所以有可能得出不同结论。在研究区域上，本书选择两个层次的划分作为分析基础：①第一个层次：保持行政区域数据完整，以江苏省县（县级市）域作为区域教育资源差异分析的基本单元（共51个，包括25个县、26个县级市）；②第二个层次：以江苏三大区域，苏南（苏、锡、常、宁、镇）、苏中（扬、通、泰）、苏北（徐、淮、连、宿、盐）作为研究单元。

教育资源包括人力、物力与财力资源，本书分别从人力资源、物力资源和财力资源三个方面分析江苏省学前教育资源配置的区域差异。研究数据若没有特殊说明均来自"学前教育体制与机制改革研究"项目的基线调查、江苏省教育厅财务处，以及《中国教育统计年鉴》《中国教育经费统计年鉴》。鉴于学前教育办学体制的复杂性，剔除奇异值与不完全信息，样本数据包括江苏省50个县（县级市）所有教育部门办园和地方其他部门办园2010年与2011年的园所规模、在园幼儿数、教师基本情况、教育经费总额与支出结构、办园条件等基本信息。

2. 江苏区域学前教育经费投入差异的评价

(1) 学前教育财力资源基尼系数构成分解及差异评价

总体评价。在2010年江苏省全省幼儿园62.31亿元的总投入中,国家财政性经费投入为20.01亿元,占全省财政性教育经费投入的2.19%,占学前教育经费总投入的32.11%,保教费收入为40.25亿元,占学前教育总投入的64.60%。可以看出,一方面,财政性经费投入整体仍然不足,家庭依然是分担学前教育成本的主体;另一方面,江苏省各地区生均财政补贴收入差异悬殊。以2010年为例,投入最高的地区为苏南地区的太仓市,全县2010年学前教育财政总投入是7 773.8万元,生均财政补贴为7 040.21元;最低的地区为苏北的沭阳县,全县2010年学前教育财政投入总额仅12万,折合为生均财政补贴2.83元,意味着几乎没有财政投入。之所以会形成这种差异,一方面可能与当地的经济状况相关,即当地的经济发展水平以及财政收入影响地方政府的财政供给能力;另一方面,与地方政府对教育的重视程度有关,政府对教育越重视,财政支出中的教育财政支出比重越大,政府对学前教育越重视,学前教育经费占总教育经费的比重越大。江苏区域学前教育财力资源配置差异指标描述性统计见表2-11。

表2-11 江苏区域学前教育财力资源配置差异指标描述性统计 单位:元

	年份	极小值	极大值	均值	标准差
生均教育总收入	2010	427.58	9 362.62	3 352.51	2 270.02
	2011	826.08	17 253.51	4 348.48	3 402.56
生均财政补贴收入	2010	2.83	7 040.21	1 438.31	1 910.87
	2011	35.57	11 269.61	1 741.79	2 098.75
生均事业收入	2010	193.59	4 407.41	1 841.99	904.68
	2011	458.41	3 691.22	1 956.43	839.43
生均事业性经费支出	2010	427.56	9 534.05	3 274.18	2 148.72
	2011	825.88	16 466.17	4 257.82	3 264.36
生均公用经费支出	2010	123.39	6 048.39	807.40	848.71
	2011	103.22	1 910.27	761.33	389.47

根据公式(2-1)计算出江苏省学前教育生均教育经费的基尼系数,如表2-12所示,在2010年与2011年总体表现基本一致,大多数指标在2011年有少许改善。从横向看,差距最大的是生均财政补贴收入指标,该指标两年的基尼数值均超过0.55,这表明江苏省学前教育财政资源配置不公平的现象十分显著;生均事业收入指标相对来说是最均衡的,该指标在2010年与2011年的基尼数值分别是0.324和0.281,反映了在教育部门办园和地方其他部门办园入园的家庭支出水平差距较小。

系数分解。按照不同的区域对江苏省县级生均教育资源基尼系数进行分解,可以分解为三个部分:苏南、苏中、苏北三大板块区域内部差异(G_w);三大板块区域间生均教育资源净差异(G_b);区域间生均教育资源逆差异(G_t)。其中,区域间生均教育资源净差异是在生均教育资源均值高的地区(如苏南地区高于苏中、苏北地区,苏中地区高于苏北地区)中生均教育资源高的县与生均教育资源均值低的地区中生均教育资源值低的县产生的差异(如苏南地区的昆山市与苏北地区的沛县);区域间生均教育资源逆差异是生均教育资源均值高的地区中生均教育资源值低的县与均值低的地区中生均教育资源值高的县产生的差异(如苏南的溧阳市与苏北的邳州市)。

表2-12 江苏区域学前教育财力资源的基尼系数

	年份	G	G_w	G_g	G_b	G_t	苏南	苏中	苏北
生均教育总收入	2010	0.415	0.092	0.323	0.228	0.095	0.250	0.190	0.348
	2011	0.420	0.090	0.330	0.265	0.065	0.298	0.230	0.279
生均财政补贴收入	2010	0.624	0.183	0.441	0.334	0.107	0.478	0.450	0.619
	2011	0.563	0.165	0.398	0.320	0.078	0.470	0.430	0.535
生均事业收入	2010	0.324	0.061	0.263	0.179	0.084	0.100	0.160	0.278
	2011	0.281	0.056	0.225	0.136	0.088	0.113	0.200	0.198
生均事业性经费支出	2010	0.402	0.091	0.311	0.194	0.117	0.237	0.180	0.350
	2011	0.408	0.086	0.322	0.225	0.097	0.295	0.190	0.269
生均公用经费支出	2010	0.419	0.126	0.293	0.098	0.195	0.209	0.170	0.306
	2011	0.299	0.076	0.223	0.147	0.076	0.190	0.250	0.249

注:$G = G_w + G_g$;$G_g = G_b + G_t$。

由表 2-12 可以看出,苏南、苏中、苏北三大区域内部的生均教育资源差异不是很大,基尼系数几乎没有超过 0.4 的,三大区域内部教育资源差异对整体基尼系数的贡献率在 18.83%～30.07%之间,但生均财政补贴收入例外。以 2010 年为例,三大区域的基尼系数都在 0.45 以上,表明各地区财政投入极其不均衡。区域间生均教育资源逆差异(G_t)在 2011 年的值与 2010 年的相比,大体都下降了,生均教育总收入的 G_t 从 0.095 下降为 0.065,对基尼系数的贡献率从 22.89%下降为 15.48%,说明苏北、苏中生均教育总收入高的县市逐步被苏南生均教育总收入低的县市赶上或超过。生均教育总收入、生均事业性经费支出以及生均公用经费支出等指标均显示,2011 年的区域间生均教育资源净差异比 2010 年扩大了,从生均教育总收入看,对基尼系数的贡献率从 2010 年的 54.94%增长到 2011 年的 63.10%,表明三大区域间的教育财力资源不均衡趋势在扩大,江苏省学前教育区域财力资源配置的总差异主要表现为三大区域间生均教育资源净差异。

(2) 学前教育物力资源基尼系数构成分解及差异评价

总体评价。物力资源的差异主要指各地区办学条件的差异,财力资源投入中的一部分会转化为物力资源。从表 2-13 与表 2-14 中可以看出,江苏省学前教育物力资源配置依然存在较大差异。以生均固定资产总值为例,2010 年最低的为苏北地区的新沂市,生均固定资产总值为 1 020.53 元,最高的为苏南地区的张家港市,生均 13 012.78 元,差异超过十倍。张家港市自"十一五"以来,市镇两级财政累计投入新建园舍、维修改造、添置设施设备等专项经费近 3 亿元。全市 36 所市镇、中心幼儿园,有 32 所被评为"江苏省优质幼儿园"。然而,有的地区的幼儿园由于经费缺额、入不敷出的问题突出,幼儿园只能尽量缩减开支,扩大班额办学,大型活动器械、现代化教学设备、玩具和活动材料普遍缺乏,办学条件难以达到规定标准。

表 2-13 江苏区域学前教育物力资源配置差异指标描述性统计

	年份	极小值	极大值	均值	标准差
生均固定资产总值(元)	2010	1 020.53	13 012.78	5 459.65	2 887.64
	2011	552.97	15 058.95	6 262.26	3 457.46

续表

	年份	极小值	极大值	均值	标准差
生均房屋和建筑物(座)	2010	739.71	11 167.76	4 285.63	2 269.39
	2011	437.24	12 347.82	4 853.33	2 637.04
生均一般图书数(本)	2010	277.65	25 882.42	7 883.90	4 645.28
	2011	275.14	25 500.72	8 005.45	4 779.28

系数分解。同样按照不同的区域对江苏省县级生均教育物力资源基尼系数进行分解，可以分解为三个部分：苏南、苏中、苏北三大板块区域内部差异（G_w）；三大板块区域间生均教育物力资源净差异（G_b）；区域间生均教育物力资源逆差异（G_t）。从表2-14中看，苏中地区内部生均教育物力资源差异最小，基尼系数值均小于0.2，比较均衡，苏北地区差异最大。三大区域内部差异对整体基尼系数的贡献率在21.41%～34.44%之间。区域间生均教育物力资源逆差异（G_t）都比较小，大多小于0.1，表明苏南地区的办学条件明显好于苏中与苏北地区，这也说明地区经济发展水平对当地教育发展水平有一定正向影响。所有指标的值均显示，2011年的区域间生均教育物力资源净差异比2010年扩大了，从生均一般图书数看，对基尼系数的贡献率从2010年的14.24%增长到2011年的45.73%，表明三大区域间的教育物力资源不均衡趋势在扩大，江苏省学前教育区域物力资源配置的总差异仍然主要表现为三大区域间生均教育资源净差异。

表2-14　江苏区域学前教育物力资源的基尼系数

	年份	G	G_w	G_g	G_b	G_t	苏南	苏中	苏北
生均固定资产总值	2010	0.327	0.070	0.257	0.176	0.081	0.180	0.130	0.292
	2011	0.345	0.076	0.269	0.215	0.054	0.220	0.090	0.329
生均房屋和建筑物	2010	0.334	0.072	0.262	0.167	0.095	0.232	0.120	0.294
	2011	0.345	0.076	0.269	0.191	0.078	0.227	0.080	0.325
生均一般图书数	2010	0.302	0.104	0.198	0.043	0.155	0.307	0.180	0.333
	2011	0.309	0.101	0.208	0.141	0.067	0.322	0.150	0.337

(3) 学前教育人力资源基尼系数构成分解及差异评价

总体评价。教师是教育之根本,师资的数量和质量关系着一个地区的教育质量水平。教育人力资源的差异一般可以通过教师数量差异、质量差异和稳定性差异三个方面来表示。受到数据限制,本书仅通过生师比[①]衡量教师数量差异,使用公办在岗在编教师占比和拥有教师资格证书教师数占比衡量教师质量的差异。表 2-15 显示,在教师相对数量方面,各区域并不存在较大差距;但公办在岗在编教师占比差异巨大,2010 年苏南地区的太仓市,公办在岗在编教师 554 人,占全县专任教师总数 752 人的 73.7%,最低的高邮市,这一比例仅为 2.1%,说明该市公办幼儿园缺编严重,此时蓬勃发展的学前教育事业对幼儿教师有大量需求,这与人事制度改革压缩编制存在着较大矛盾,造成了幼儿园普遍缺编的局面[95]。有的幼儿园,其规模增加到过去的几倍,而编制仍然按照过去的规模编配并拨款,导致部分幼儿园为了压缩支出,改"两教一保"为"一教一保",有正式编制的教师数量更少。

表 2-15 江苏区域学前教育人力资源配置差异指标描述性统计

	年份	极小值	极大值	均值	标准差
生师比(人)	2010	3.16	8.77	5.07	4.30
	2011	3.14	9.00	5.09	4.37
公办在岗在编教师比例(%)	2010	2.1	73.7	25.1	16.4

系数分解。从表 2-16 中的基尼系数分解来看,三大区域内部差异对整体基尼系数的贡献率在 30%左右。2011 年区域间生均教育人力资源逆差异(G_t)的基尼系数值为 0.058,小于 2010 年的 0.153,表明相较于苏北、苏中地区,苏南地区人力资源配置差的状况在好转。通过另一指标也可以加以说明,2010 年调研数据显示,幼儿园教师不具备教师资格证书的比例,苏南地区的镇江市占 27.2%,苏北地区的连云港市占 58%,苏北地区的徐州沛县占 80%。在苏中地区兴化市某中心幼儿园的 42 名专任教师中,取得幼儿

---

① 生师比:指每 100 个学生的专任教师数。

教师资格证的仅2人,仅占4.8%。

表2-16 江苏区域学前教育人力资源的基尼系数

	年份	G	G_w	G_g	G_b	G_t	苏南	苏中	苏北
生师比	2010	0.340	0.106	0.234	0.081	0.153	0.265	0.290	0.337
	2011	0.364	0.109	0.255	0.197	0.058	0.274	0.260	0.354

3. 结论

采用基于生均教育资源的基尼系数组群分解的测度方法对2010年与2011年江苏省学前教育资源配置的区域差异进行了定量分析,结果表明:(1)江苏省学前教育资源配置的区域差异总体表现巨大,生均财政补贴收入尤为明显[96]。(2)江苏省学前教育资源配置区域总体差异主要表现为苏南、苏中、苏北三大区域间的资源净差异,区域内的差异表现也各不相同,其中苏北地区内部差异明显小于其他两个地区。(3)与2010年比,2011年三大区域间的资源逆差异在减小,说明在学前教育的发展过程中,苏北、苏中的教育经费、办学条件、师资力量等都远远落后苏南经济发达地区。

2.1.5 2010年以前学前教育财政投入园际间差异

2.5.1.1 不同办园体制幼儿园之间财政投入不均

我国学前教育存在特殊性,幼儿园按举办者的不同分为四大类:教育部门办幼儿园、其他部门办幼儿园、集体办幼儿园和民办幼儿园。各地政府在学前教育的财政投入上多采取"倾斜性"分配政策,使得教育部门办幼儿园和其他部门办幼儿园获得了绝大部分的财政性资金,而集体办和民办幼儿园获得的财政资金极其有限[97]。

江苏省的调查数据显示(见表2-17),2010年教育部门办幼儿园的生均预算内投入达1 669.21元,而同属公办性质的集体办幼儿园只有685.43元,民办幼儿园则只有20.98元(大部分民办幼儿园得不到政府资助)。从江苏省的调查数据来看,越是经济不发达的地区,不同办学体制的幼儿园获得的财政投入差异就越大,如:苏南地区教育部门办幼儿园的生均预算内投入为集体办幼儿园投入的2.27倍,苏北地区的这一比值却为5.28倍。

表2-17 2010年江苏省不同办学体制学前教育生均预算内投入

办园体制	生均预算内投入(元)
教育部门办	1 669.21
其他部门办	1 015.73
集体办	685.43
民办	20.98

2.5.1.2 不同评估等级幼儿园之间财政投入不均

2003年国务院办公厅颁布的《关于幼儿教育改革与发展指导意见的通知》提出要"有计划地推动示范性幼儿园建设"。之后,各地都开始开展示范性幼儿园的建设和评估工作。由于对各类示范园在办学条件、保教队伍、安全卫生等方面都有明确要求,在各地"政绩观"的驱使下,纷纷向有条件创建示范园的幼儿园倾斜性地增加财政投入,加剧了学前教育财政投入的分配不均。

江苏省的调查数据显示(见表2-18),省级示范园的生均预算内投入明显高于市级示范园,市级示范园又明显高于普通合格园,省级示范园的生均财政投入约为合格园的4倍。在幼儿园评估等级和财政投入之间的相关性问题上,究竟是幼儿园评估等级越高获得的财政投入就越高,还是财政投入越高则评估等级就越高?这是值得研究的问题。如果答案是后者,那么这种评估方式所谓的"引领""示范""辐射"作用就很值得怀疑。因为示范园评比具有很强的"马太效应":财政投入越多,评估等级越高;评估等级越高,则财政投入又更多。而对于那些处于财政投入劣势的集体办和民办幼儿园来说,就始终只能望洋兴叹了。

表2-18 2010年江苏省不同办学体制学前教育生均预算内投入

幼儿园评估等级	生均预算内投入(元)
省级示范园	1 160.76
市级示范园	837.14
合 格 园	296.28

2.5.1.3 同地区同类型幼儿园之间财政投入不均

有媒体报道,广东 8 所省政府机关公办园 2011 年获得近 6 863 万政府财政预算拨款,引发社会热议。实际上,地方政府公共财政在不同幼儿园之间的分配不公并非个案,而且园际间的分配不公可能远胜于城乡间、区域间和办学体制间的分配不公。江苏省的调查数据显示,苏北某地级市教育部门办的一所幼儿园 2010 年的财政拨款为 361.9 万元,而该市另一所教育部门办幼儿园的财政拨款仅为 3 万元。在我国,还有一特殊类型——政府机关办幼儿园,这类幼儿园收费低但教育质量高,主要靠政府供养,政府每年拨出的幼儿教育经费几乎全部投放到这些幼儿园。苏北地区某县机关办幼儿园 2010 年财政拨款为 196 万元,而该县其余幼儿园的财政拨款均为零。这种园际间的投入不公,使得所有幼儿家长的目光都集中于某一个或某几个幼儿园,进一步强化了群众对"入园难"问题的不满。

2.2 2010 年以来我国学前教育财政投入的特征事实

2.2.1 2010 年以来学前教育财政投入持续增长

全国学前教育财政性经费拨出总量自 2010 年以来保持稳定增加。这种增长在总量、结构性占比、生均指标等多个方面都得到体现。

首先,学前教育财政性经费总量持续增长(见图 2-2)。学前教育财政性经费从 2010 年的 244.4 亿增加到 2017 年的 1 564 亿元。如果分析自 2000 年以来的时间序列数据,2010 年学前教育财政性经费幅度明显增长,2000 年仅为 31 亿元,到 2009 年为 166.3 亿元,10 年间增长了 5.4 倍。从 2010 年到 2017 年,8 年间增长了 6.4 倍。

其次,学前教育财政性经费占全国财政性教育经费的比例——作为衡量政府对学前教育重视程度的指标——近年来也有明显增长,从 2000 年到 2010 年,该指标长期徘徊在 1.5% 以下(见图 2-3)。自 2011 年起突破了学

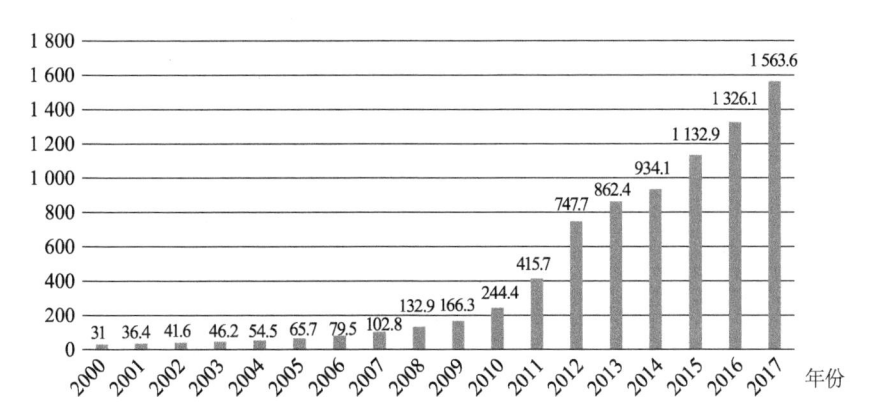

图 2-2 学前教育财政性经费(2000—2017 年)(单位:亿元)

前教育财政性经费长期在 2% 以下的格局,2011 年为 2.24%,2012 年为 3.23%,2016 年为 4.22%,2017 年为 4.57%。此外,学前教育生均经费支出也有较大增长,从 2010 年的 2 977 元增长到 2017 年的 7 328 元[98]。

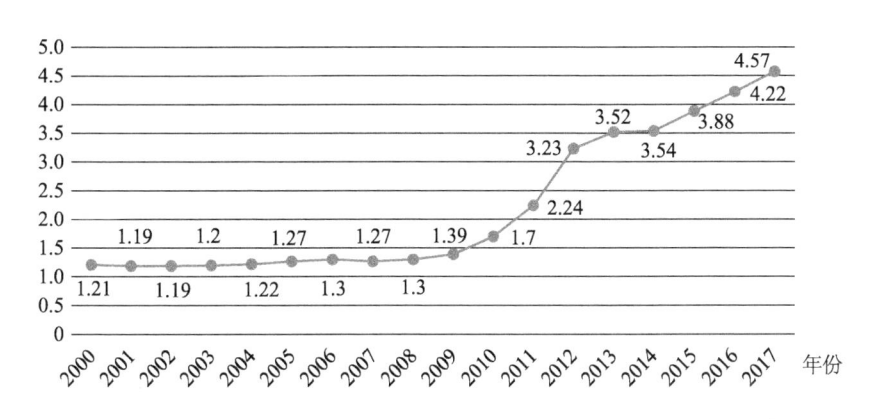

图 2-3 学前教育财政性经费占全国财政性教育经费占比(单位:%)

最后,学前教育生均财政投入持续增长。自 2010 年以来,学前教育生均事业费和生均公用经费持续增长(见图 2-4)。教育部有关数据显示,学前教育生均事业经费从 2010 年的 2 911.9 元增长到 2017 年的 7 293.8 元,增长了近 150%。学前教育生均人员经费和生均公用经费也持续增长(见图2-5 和图 2-6)。自 2015 年以来,学前教育生均人员经费和生均公用经费持续增长,生均人员经费从 2015 年的 3 385.7 元增加到 2017 年 4 401.9 元,生均公用经费从 2015 年的 2 384.7 元增加到 2017 年的 2 762.6 元。

总之,这些年的学前教育财政投入有了显著的持续增长。

图 2-4　2009—2017 年学前教育生均事业费
（单位:元）

图 2-5　2015—2017 生均人员经费（单位:元）

图 2-6　2015—2017 生均公用经费（单位:元）

2.2.2　2010 年以来学前教育财政投入的基本特征

2.2.2.1　学前教育公共服务总量不断提高,反映资源供给短缺得到改善

自 2010 年以来,我国的学前教育规模进入了一个前所未有的发展阶段。首先,从纵向看,学前教育的发展规模达到历史最高水平。这种规模性发展主要体现在在园儿童规模和学前三年毛入学率这两个方面。从图 2-7 中可以看到 2005—2018 年我国在园儿童规模的变化趋势。幼儿园在校生人数由 2005 年的 2 179 万增长至 2018 年的 4 656.4 万,涨幅显著[99]。

2006 年,发达国家学前教育平均毛入学率和转型期国家学前教育毛入

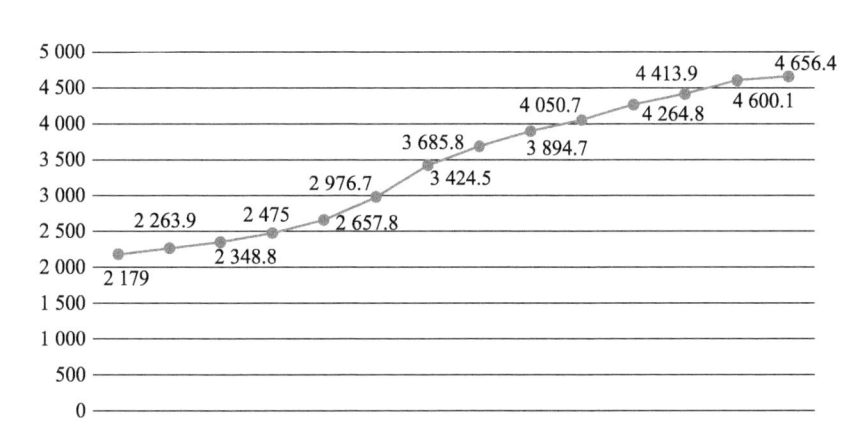

图 2-7 2005—2017年幼儿园在校生数（单位：万人）

学率分别为79%和62%,而该年我国学前教育毛入园率仅为42.5%,与前两者相差较大。2010年,我国学前教育毛入学率增长至56.5%,但仍远低于发达国家和其他新兴经济体。但从横向国际间比较的角度来看,2016年起我国毛入园率就已经超过美国,并接近OECD国家平均水平。据美国教育部统计数据,2016年,美国3岁儿童入园率为42%,4岁儿童入园率为66%,5岁儿童入园率为86%（NCES,2018）;据OECD统计数据,OECD国家3岁儿童入园率从2005年的62%增长到2014年的70%,4岁儿童入园率从2005年的73%增长到2014年的85%,5岁儿童入园率已经接近全面普及水平,许多国家,比如法国、德国、日本、荷兰、挪威等已经超过95%（OECD,2017）。因此,学前教育在园儿童规模和入园率的增长都体现出我国学前教育公共服务总量和资源供给短缺都得到了有效改善,学前儿童整体入园机会大幅增加。

表 2-19 2016年美国、中国和OECD平均入园率比较　　　　单位：%

	3岁	4岁	5岁
美国	42	66	86
中国	56.5	87.2	91.1
OECD平均	70	85	95

2.2.2.2 学前教育公共服务结构性供给仍然不足

我国在学前教育领域中存在两个看起来似乎矛盾的事实：一方面是学前教育在园儿童规模和入园机会的不断增长，另一方面是"入园难"现象似乎并没有得到根本性的改善。无论是政府公布的宏观管理数据还是微观入户调查数据都显示，我国在学前教育公共服务总量和资源供给方面都有了较大的进步，学前教育在园儿童规模和入园机会已向发达国家靠拢。但与此同时，"入园难"和"入园贵"的呼声与学前教育事业稳步发展同时存在也是另一个事实。对于这种看似矛盾的现象，鲜有学者对我国学前教育事业长期面临这一矛盾现象进行过深入、系统的探讨和分析。有不少学者也和家长、媒体、公众、政府部门领导一样，都将"普惠性学前教育资源不足"作为导致学前教育面临"入园难""入园贵"问题的根本原因。笔者认为，基于经济学中的供需平衡基本原理，把"学前教育结构性供给不足"作为重点分析或许能更好地解释我国学前教育事业存在的这一独特的矛盾问题。

"学前教育结构性供给不足"是指在学前教育发展的过程中，尽管整体入园规模和入院机会较以往有较大增长，但"入园难"问题不仅没有从根本上得到缓解，甚至还有可能存在逐渐加剧的现象。导致"入园难"现象的本质原因其实是特定市场上相对缺乏某种特殊的低价优质学前教育服务或产品，而绝非该服务和产品存在数量上的匮乏。"学前教育结构性供给不足"的现象可以大致分为三种表现形式：某些地区学前教育服务和产品供给相对不足（如中西部贫困农村地区）；某些特定人群（如流动人口子女或者城市低收入阶层子女）需要的幼儿园供给不足；某种特殊学前教育产品和服务在同一地区相关供给不足，人们观念中的低收费高质量的公办幼儿园就是一个典型的例子。在上述总结的结构性供给不足的表现之中，价低质优的公立幼儿园的供给不足最易引起公众和媒体的关注，这是因为特定区域（中西部农村）和特定群体（流动人口子女和有特殊需要的儿童群体）对应的学前教育服务和产品供给不足，作为沉默的大多数，这些需求群体数量相对较少且往往不具备能引起群体关注的资本,因此这些供给空白在多数情况下容易被忽视。但若同一区域内对低价优质公办园的需求未得到满足,由于家长数量庞大和家庭社会关系的多元化,往往能快速引起媒体的关注。由此,本书在分析"学前教育结构性供给不足"时围绕的是在同一区域内(如同一区县,或者更小的行政区划范围内)对某种稀有特定学前教育服务或产品的供给相对不足,导致这一区域范围内的人民群众对学前教育服务或产品的需求得不到满足。

在我国多数的学前教育研究文献以及政策性文件中,将"普惠性学前教育资源"定义为学前教育市场中存在的一种稀缺服务或产品。"普惠性学前教育资源"具有以下三个显著特征:可获得、高质量和可支付(虞永平,2019)。这些特征在某种意义上来说互相矛盾,不可兼得。比如,可获得(accessible)是指有在供给市场中存在大量的就近学前教育服务或产品;高质量(quality)是指提供的学前教育服务和产品质量上乘,环境优质;可支付(afford ability)是指这些服务或产品为大多数人所能承担支付。但从经济学的理论上来说,天下没有免费的午餐,在学前教育服务或产品的供给中,高质量往往与高价格相对应,这些为了提高质量所多支付的成本,通常需要政府补贴或者由家长买单。近几年,这种高质低价的学前教育服务或产品的存在一般依赖于政府教育财政的高补贴政策[100]。

近年来,尽管我国在改善学前教育结构性供给不足上投入了大量资源,来自不同省份、城乡、户籍类型、家庭背景儿童的入园机会正在趋于平等,但高质低价学前教育资源主要被城市和优势家庭的孩子所占有的局面并没有根本上的改变。

1. 城乡儿童发展水平差异呈两极化

农村和县镇幼儿园与城市幼儿园相比,保教质量和保教意识还存在着较大的差异。虽然中央政府和地方政府在学前教育财政中将相当大部分的预算投入中西部农村学前教育的建设,以期推动农村乡镇学前教育的建设和发展,但大量经费被用于改善硬件设施,对儿童身心发展产生较大影响的保教质量似乎并未得到关注。数据显示,农村和县镇幼儿园与城市幼儿园相比在结构性质量指标上差异较大。表 2-20 显示,在 2012 年全国按城乡分布的幼儿园专任教师学历结构分析中,城市幼儿园拥有大专学历的专职教师比例比县镇幼儿园和农村幼儿园分别高出 4.5 和 14.4 个百分点;城市幼儿园拥有本科学历的专职教师比例比县镇幼儿园教师高出约 6 个百分点,比农村幼儿园教师高出约 12 个百分点。城市幼儿园专职教师半数以上由大专学历教师组成,而在农村幼儿园中高中学历教师占多数。

表 2-20　2012 年按城乡分布幼儿园教师学历结构

	高中以下	高中及等同	大专	本科	研究生以上
城市	0.1	25.6	54.5	18.2	0.19
县镇	3.5	34.2	50	12.23	0.04
农村	7.2	46.4	40.1	6.26	0.02

数据来源:根据教育部全国汇总数据计算。

体现幼儿园结构性质量的另一个指标为生师比。如表 2-21 所示,我国城市、县镇和农村幼儿园在这个指标上存有明显差距。2012 年城市幼儿园平均幼职比为 10∶1,县镇幼儿园为 17∶1,农村幼儿园为 28∶1。如果看幼儿与专任教师之比,差异更为显著。2012 年城市幼儿园平均幼师比为 17∶1,县镇为 27∶1,农村为 45∶1。

表 2-21　2012 年按城乡分布幼儿园平均生师比

	幼职比	幼师比
城市	10	17
县镇	17	27
农村	28	45

数据来源:根据教育部全国汇总数据计算。

2. 学前教育财政投入地区差距不断扩大

中西部地区由于地理条件差、经济发展迟缓,加之传统观念和历史原因等,学前教育起步晚,发展慢。近十年来,我国已经在全国范围内推行了 3 期"学前教育三年行动计划",但不少西部省份如内蒙古、新疆、西藏、云南、青海等仅实施了两期。因此,西部幼儿园在办园的规模、办园的条件和办园的水平上仍然存在诸多问题,并且与东部和中部幼儿园相比还存在较大的差距。通过对西部各省各地区制定的具体"第三期学前教育三年行动计划"实施方案的分析,得出目前西部学前教育主要存在以下不足之处。

(1) 西部学前教育财政投入总量不足

首先,全国学前教育方面的财政投入不足。一方面,自两期"学前教育三年行动计划"颁布以来,中央政府投入该计划的资金超过900亿,省市地方政府投入资金超过4 000亿。虽然我国对学前教育的财政投入已逐渐增加,但是相较于我国对其他阶段教育的重视程度和发达国家对学前教育的投入,我国对学前教育的财政投入仍处于一个较低水平。2018年全国国内生产总值超90万亿元,其中约占4.11%的部分为教育财政投入,其中学前教育经费总投入占GDP比例仅为0.408%,这一比例远低于同期发达国家水平。据世界范围内的数据统计,学前教育经费占同级财政性教育经费比例,目前世界平均水平为7%左右,其中发达国家达到9%左右。另一方面,地区教育水平依赖于地方财政,而地方财政的宽裕程度主要受制于该地的经济发展状况。地方经济越发达,在提升教育水平方面,对人力和物质的投入就会相对慷慨。我国当前实行"国务院领导,省地(市)统筹,以县为 主"为核心的学前教育管理方法,然而除国务院领导外,各省经济发展差距大,同一省市中不同县镇经济发展同样不平均,因此造成了各地在学前教育投入方面的不均衡[101]。在学前教育财政投入不足这个问题上,西部地区是"重灾区"。西部地区总体上在全国范围内经济发展条件较为落后,财力相对薄弱,能投入的学前教育财政更是少之又少,这大大影响了西部学前教育服务和产品的供给,对其学前教育的发展产生了较大的制约。以上海市和四川省2016年的学前教育财政投入为例进行比较,从简单的人口数据入手分析其差异。上海市2016年学前教育经费总支出为142.41亿元,较上年同比增长25.6%;四川省在2016年的学前教育经费投入与上海市相当,为147.92亿元,但其人口规模为上海市的3.4倍,即均摊到个人的投入仅为上海市的三分之一。

表 2-22 我国西部十二省学前教育现状基础数据表

省区名称	公报及年鉴时间(年)	在园学前儿童数量	学前三年毛入园率(%)	幼儿园数量(所)	专任教师数量(人)	资金投入(万元)	
甘肃	2011	432 181	—	2 457	15 009	59 204	国家财政性教育经费
	2015	701 132	—	3 971	30 342	277 649	国家财政性教育经费
	2017	929 700	91.00	7 122	307 000	301 454	一般公共预算支出
广西	2011	1 442 500	66.00	6 208	37 616	51 416.5	国家财政性教育经费
	2015	2 069 000	—	10 397	68 407	280 576	国家财政性教育经费
	2017	1 094 606	80.20	11 787	823 000	12 032	一般公共预算支出
贵州	2011	877 824	66.00(2012年数据)	2 677	18 120	52 864.5	国家财政性教育经费
	2015	1 304 713	80.00	5 993	55 856	286 620.5	国家财政性教育经费
	2017	1 534 207	85.00	9 772	141 086	66 624	一般公共预算支出
内蒙古	2011/2012	448 200(2011年数据)	71.72(2011年数据)	258(2012年数据)	—	139 605.2	国家财政性教育经费
	2015	593 392	91.57	3 516		382 758.4	国家财政性教育经费
	2017	617 000	94.10	3 845	42 833	642 400	全区学前教育经费总投入
宁夏	2011	148 917	53.96	440	5 283	30 448.1	国家财政性教育经费
	2015	192 892	71.44	788	8 527(不含学前班)	74 964.1	国家财政性教育经费
	2017	241 595	83.30	1 221	20 767	80 794	一般公共预算支出
青海	2011	133 862	—	980	4 051	35 338.1	国家财政性教育经费
	2015	184 200	—	1 525	6 656	92 299.9	国家财政性教育经费
	2017	207 248	89.40	1 735	18 703	83 111	一般公共预算支出
陕西	2011	1 027 839	—	5 310	41 919	199 185	国家财政性教育经费
	2015	1 396 960	—	7 438	75 529	523 917.7	国家财政性教育经费
	2017	1 450 523	98.00	7 810	90 300	12 340 100	全省教育经费总投入
四川	2011	2 110 148	72.50(截至2013年底)	10 162	57 528	171 106.5	国家财政性教育经费
	2015	2 481 681	76.88	12 365	96 885	524 988.5	国家财政性教育经费
	2017	2 625 000	82.14	13 243	—	1 721 600	全省学前教育总投入

续表

省区名称	公报及年鉴时间(年)	在园学前儿童数量	学前三年毛入园率(%)	幼儿园数量(所)	专任教师数量(人)	资金投入(万元)	
西藏	2011	—	—	—	—	28 744.2	国家财政性教育经费
	2015	—	—	—	—	166 131.8	国家财政性教育经费
	2017	123 333	77.90	1 477	6 817	—	—
新疆	2011	651 100	—	—	—	170 694.9	国家财政性教育经费
	2015	810 300	76.29（截至2016年底）	4 247	41 800（2016年数据）	378 969.5	国家财政性教育经费
	2017	1 557 600	95.95	7 685	92 200	1 474 676	全省学前教育总投入
云南	2011	1 085 900	—	4 257	32 700	98 516.4	国家财政性教育经费
	2015	1 294 000	54.19（2014年数据）	6 540	49 000	294 743.7	国家财政性教育经费
	2017	1 431 000	79	8 286	58 900	287 340	一般公共预算支出
重庆	2011	842 846	—	4 114	22 807	54 143.6	国家财政性教育经费
	2015	915 616	—	4 816	36 979	176 814	国家财政性教育经费
	2017	963 100	87.05	5 607	44 327	6 145 400	一般公共预算支出

数据来源：在园学前儿童人数、幼儿园数量、专任教师数量数据来源：2011年、2015年以及2017年数据均来自各省对应年份的统计年鉴、公报等（由于内蒙古统计年鉴无法获得，数据取自内蒙古教育厅网站历年教育新闻）。学前三年毛入园率数据来源：各省（区）对应年份教育发展概况总结文件（省教育厅发布）以及省教育厅网站新闻。

(2) 西部学前教育发展不均衡

首先，西部地区各个省份间、省内区间学前教育发展水平不均衡，个别呈两极化趋势。以云南省为例，云南省在2018年的入园率仅为79%，陕西省在2016年的全省入园率就已达96.9%，在全国范围内属于较高的水平。

其次，西部地区学前教育城乡发展差距显著。同样以云南省为例，2018年全省学前教育毛入园率为79%，但省内怒江州福贡县，该地区是国家"三区三州"深度贫困地区，农村人口众多，由于经济发展落后，劳动力缺失和文明相对落后，导致未入园农村幼儿较多，学前三年毛入园率仅为66.06%，说明省内区间学前发展水平不均衡。一方面，农村地区学前生均教育经费远低于城市地区。近年来，我国虽重点提高了对农村学前教育的财政投入比例,以期改善该不平衡现象,但由于城乡二元结构、历史欠债以及农村地区幼儿数量较多等客观现实,使得农村地区对学前教育财政的最终实际投入依然与城市地区存在较大差距。据《中国农村教育发展报告2019》数据显示,西部城市学前教育生均教育经费普遍高于农村地区,以广西自治区为例,城市学前教育生均教育经费与农村该经费之比甚至达到了6.93∶1。2016年,西部所有地区的生均教育经费高低差异额高达8 702.575元。同时,虽然学前教育经费投入整体上总量不低,但是实际投入效率不高,县镇幼儿园经费投入效率要高于城市幼儿园和农村幼儿园,且其经费投入的纯技术效率与规模效率均高于城市幼儿园和农村幼儿园[1]。另一方面,城乡学前教育的显著差异还体现在各地办学水平上。2010—2016年,除运动场地外,西部各地区农村生均校舍、操场、学生活动室面积和图书册数、教学用品供给一直未达到全国平均水平。根据教育部发布的2010—2016年中国教育统计数据,在2016年,城市幼儿园生均睡眠室面积是农村的1.46倍,而农村生均图书册数还不到城市的一半。再次,西部地区城乡学前教育发展差距还随着经济的发展越来越大。通过对《中国教育经费统计年鉴》(2012—2017年)的分析发现,西部地区学前教育生均经费支出的城乡差距从2011年的4 917.793元增加到2016年的8 702.575元,年均增长率为12.092%,而东部和中部地区的年均增长率分别为11.396%和2.329%,这说明从绝对量上来说,西部地区的学前教育投入城乡差距比例比中部和东部地区更大,有隐隐扩大的趋势[2],这种差距会进一步扩大西部学前教育水平发展与其他地区的差异。

西部农村的学前教育供给总量不足,入园率低。近些年来,我国农村学前教育的供给力度不断加大,供给总量快速增加,但由于前期需求积累量太大,短期内并不会对短缺有太大的改善。尽管幼儿园数从2011年的

---

[1] 郭燕芬,柏维春.我国学前教育经费投入—产出效率分析及政策建议[J].学前教育研究,2017(02):3-16.
[2] 夏茂林,孙佳慧.我国学前教育经费支出城乡差距的实证分析及政策建议[J].当代教育与文化,2019,11(01):108-114.

11.32万所增加到2018年的26.67万所,7年内增加了一倍有余,但农村学前教育在短期内数量上的供给增加依然不能满足农民群众对子女接受学前教育的长时间累积需求。在西部连片贫困地区,学前教育三年毛入园率普遍在50%以下,不少贫困县甚至仅为30%~40%,2014年云南省昭通市巧家县入园率仅为10%左右①。北京大学中国教育财政科学研究所宋映泉老师指出,"全国没有入园机会的3~6岁儿童,大约每四个中就有一个在农村偏远地区。粗略估计全国有大约1 400万3~6岁儿童仍然无园可上,这些儿童大多集中在中西部农村偏远地区"[102-104]。现有农村学前教育资源供给体系中的普惠性资源大量匮乏,虽然我国财政和各地政府加大对农村学前教育普惠水平的扶持,其水平逐年提高,但农村仍远低于全国平均水平②。可供农民群众选择的学前教育产品主要有乡镇中心园、集体办园、民办园、无证园,但事实上只有乡镇中心园、少量的集体办园和民办园能够满足农民群众对普惠性学前教育的需求。乡镇中心园数量较少,每个乡镇基本只有一个;农村集体办园随着税费制的改革逐渐失去了稳定的来自政府的补助,基本已经完全靠自收自支来支撑其运行,该类幼儿园的运转普遍较为困难;在农村学前教育中占有半壁江山的是民办园,大多由农民群众个人举办,可提供资源有限,教学产品单一,办学规模较小,且教学质量偏低。因此,偏远贫困地区的学前教育适龄儿童依然面临着"入园难"的问题。在目前普及政府采用的普及农村学前教育过程中,采用的是"自上而下"的供给方式,即率先普及县镇,然后由县镇带动普及行政村,最后再将范围扩大到边远山村。前两期"三年行动计划"之所以未对农村儿童起到实质性的帮助,主要是因为这次活动在县城和乡镇建园而不进村,使得农村贫困地区最底层的儿童被迫成为最后一批享有国家政策帮助的儿童。即便是一些入园率达到90%以上的西部省份,其偏远农村的儿童依然毫无入园的机会。截至2018年底,甘肃省学前教育三年毛入园率达到91%,出台实施了《甘肃省精准扶贫学前

---

① 夏茂林,孙佳慧.我国学前教育经费支出城乡差距的实证分析及政策建议[J].当代教育与文化,2019,11(01):108-114.
② 陈蓉晖,安相丞.农村学前教育公益普惠水平的测评与分析[J].中国教育学刊,2018(11):25-31.

教育专项支持计划(2015—2020年)》,该计划大力推动学前教育向行政村延伸,支持在贫困地区特别是革命老区2 000人以上的行政村建园,在此基础上逐渐向1 500人的行政村延伸。这种持续扩大的农村学前教育资源在一定程度上为贫困家庭幼儿就近入园提供了有利条件,但偏远地区农村贫困儿童入园难的问题依然没有得到完全改善。若以2018年我国平均人口出生率为10.94%计算,一个1 500人的行政村庄意味着村里学前适龄幼儿人数约有50人。然而由于西部地区独特的地理环境,特别是西南地区山地面积大,人口居住分散,一个行政村通常包含多个自然村组,由于幼儿园多集中于行政村,这就导致周边自然村组的儿童无法入园或者入园困难。

同时,西部农村幼儿园教育质量不高。在当今信息化、全球化的背景下,西部农村幼儿教育的发展既不能以东部和城市为目标和范本,也不能局限于完全依靠自身的封闭性思维,而是考虑"在把握城市教育的优势和问题的同时,积极探寻乡村教育的优势和劣势,并且尽可能多地尊重并彰显其优势,在目标统一而又充分考虑乡村教育特质的基础上去进行教育的规划设计,制定相应的政策"[①]。西部农村幼儿园教学质量之所以不高,主要有以下几个原因:第一,班均规模和师幼比远超国家和地方标准。从调查结果看,农村幼儿园班额普遍较大。具体分析显示,西部农村幼儿园小中大班的最大班额分别为51人、63人、75人,甚至还有个别班级多达165人和180人,远超国家规定的小中大班分别25人、30人、35人的标准[②]。因此在实际教学中,因班级人数较多,教师不得不把比较多的时间用于管理和维持秩序,在教学上的时间就相应减少了。要管理如此多幼儿,教师势必不能因材施教,只能制定一个较为严格统一的教育标准,限制了幼儿的思维发展,同时过多的条条框框,容易导致儿童和老师产生消极情绪,影响了本来应有的教学氛围。与此同时,人数多也导致了安全隐患多、幼儿间的冲突和身体碰撞多、室内空气污浊、幼儿在狭小的空间久坐等问题,对幼儿的身心健康十分

---

① 刘铁芳.乡村教育的问题与出路[J].教育观察(中下旬刊),2013,2(04):5-8.
② 刘占兰.农村贫困地区幼儿园教育质量现状与提升建议[J].学前教育研究,2015(12):13-21.

不利。第二,基本教育设施和校园卫生状况较差。西部地区经济发展的相对贫困导致政府对学前教育投资不足,农村学前教育更处于边缘地位,长期的投入不足导致农村幼儿教育软硬件设施条件都较差,满足不了教学需求,尤其是农村幼儿园的办园条件明显落后于乡镇幼儿园和城区幼儿园,配套设施不足,设施安全系数不达标,设备检修较少,潜在安全隐患较多。相关调查结果显示,农村幼儿园班级的采光、教师环境、厕所设备与校园卫生情况普遍较差。刘占兰等人通过调查发现,从采光条件来看,农村幼儿园中基本没有采光和采光不合格的班级占总数的半成以上,入园的儿童基本都在成长阶段,没有良好的采光不仅会在学习时对儿童的视力产生消极影响,而且长时间没有光照,会影响儿童的骨骼成长;从厕所卫生和基本教学设备来看,不合格的班级占 41%,主要存在风险较高幼儿无法安全使用、设施损坏、通风不良好、不及时打扫、消毒不规范而且有刺鼻难闻的气味等突出问题。同时,一些没有单独教学地区,附设在小学校园内的幼儿班的卫生状况更是糟糕,桌椅无人清扫管理,教室中也没有基本的卫生用品,环境十分肮脏[105]。第三,缺少开发幼儿思维的游戏材料,幼儿在园中的基本游戏过程得不到保证。相关调查结果表明,从总体上来看,农村幼儿园无论是独立建院还是附设在小学校园里,幼儿基本都有户外活动的场地,但是大部分仅仅是一块空地,缺乏基本的户外活动器具和材料,甚至缺少相关的安全保证措施。例如,沙水及玩沙水的设备材料自然环保、物美价廉,有极高的可玩性和教育意义,对幼儿的多方面发展起到积极作用,这种低成本高效益的幼儿游戏材料,应该是农村幼儿园最佳的选择,但 88% 的农村幼儿园(班)既没有沙水也没有玩沙玩水的材料,配备这些游戏材料的幼儿园(班)只占 12%。剪纸、贴画、积木、画笔等室内游戏材料同样缺乏,幼儿的室内游戏也无法进行。在相关调查中发现,没有活动区的农村幼儿园(班)占 68%,符合要求的班级只有 2%;基本没有游戏材料的园(班)占 61%,能做到材料比较丰富的幼儿园(班)仅占 13%。应该说这是基本不符合学前教育要求的,花费了读幼儿园的费用,却没有得到在幼儿园应有的思维开发和教育,这种不平等的交换对于本就拮据的农村家庭来说根本就是无用的,这也是导致农村幼儿入园率低的根本原因之一。第四,幼儿园教学环境、生活作息制度和教学活动小学化。相关研究结果显示,农村幼儿园环境方面,40%的农村幼儿园桌椅摆放和教室布置完全或基本上和小学一样,没有幼儿园应有的趣味性,符合要求的比例仅占33%;16%的幼儿园没有任何墙面布置,基本符合或非常符合的班级分别只占9%和12%。由于农村政府没有足够的经济条件单独建立园区,因此不少幼儿园都是附设在小学或者一些废弃的工业用房之中,不少墙饰是成人化的文字口号或标语,学前儿童正处于喜欢模仿的年龄阶段,这些成人化的思想和口号会给儿童的身心造成极不好的影响,其中有64%的班级墙面高度不适宜幼儿。从生活作息制度来看,32%的农村幼儿园班级完全或基本与小学同步,符合幼儿园作息制度要求的比例只有31%。在教学活动上,因为农村幼儿教师受教育水平较低,对幼儿的教育方式没有很好的理解和掌握,有相当数量的教师采用与小学相同的教学方式来教育幼儿,甚至观察到有的教师采用分步骤写字式的方法在教孩子们绘画,这种教学方法禁锢了幼儿的学习天性和创造力发展,忽视了幼儿教育的应有的方法和主题[105]。

西部农村幼儿园教师缺口大、专业水平有限。由于学前教育财政投入的增加和学前教育资源的扩大,农村幼儿园教师队伍在数量上也得到了及时的补充。在2010—2016年这6年间,农村学前教育专任教师数由68.14万人增加到118.35万人,增长73.69%;生师比由32.64∶1下降到23.85∶1,但与全国平均水平相比仍存在很大差距。已有调查结果和实地考察结果表明,西部地区幼儿教师普遍存在身份不明确、队伍不稳定、职称不独立、编制设置停滞、工资待遇差且与城市相比福利少等诸多问题①,这些原因使得农村幼儿园教师团队难以稳定壮大,教师团队的不稳定进一步制约学前教育事业的发展。同时,西部农村幼儿园对专职教师的需求量较高,2016年,我国学前教育生师比的平均值为19.77∶1,而农村地区生师比为23.85∶1,说

---

① 庞云凤.培养农村学前教育师资:契机与使命——基于对山东省农村幼儿园师资现状的调查[J].幼儿教育,2010(36):33-37.

明农村地区幼儿园专任教师的缺口非常大。同时,流动性大的问题也加剧了这一缺口。农村幼儿园教师普遍面临条件艰苦、福利待遇较差、得不到足够重视等问题,素质过关的专职教师更乐于选择城市和县镇幼儿园,即使竞争激烈。因此,农村幼儿园存在着合格(优秀)教师"进不来""留不住"的现象。相关调查结果显示,当前有34.8%的农村幼儿教师希望能变换工作,且65.2%的农村在职幼儿教师曾转换过职业或岗位①。西部农村幼儿园教师质量普遍不高,当前西部农村地区幼儿师资队伍的补充主要依靠特岗计划、免费师范生、定向培养、自主招聘等方式进行选拔②。在学前教师队伍建设取得重要成就,教师素质有了普遍性提高的今天,相较于东中部地区幼儿园,西部地区学前教育师资的受教育程度较低,其专业化水平不够高,没有接受或没有接受足够的关于学前教育理论的系统培训[106]。教育部发布的《国家中长期教育改革和发展规划纲要》中期评估学前教育专题评估报告中的数据显示,全国范围内有幼教资格证的教师仅为50%左右,农村仅有44%左右,再加上农村幼儿园教师再教育培训经费的短缺,导致农村幼儿园专职教师的水平得不到足够的保持和提升。由此可见,构建学前教育师资培养新体系,为农村幼儿园输送大量合格师资,是目前提高农村学前教育质量的必由之路。

2.2.2.3 弱势群体家庭学前教育成本负担过重

普惠性民办幼儿园建设并没有根本解决中低收入家庭子女"入园贵"问题。建设普惠性民办幼儿园是政府通过财政投入来加大学前教育资源供给的主要手段,很多城市和地方政府以公办和普惠性民办幼儿园占总量幼儿园的比例作为学前教育改革政策的目标[107,108]。笔者在下文中试图通过居民学前教育可支付能力和学前教育成本分担来说明目前全国普惠性民办幼儿园建设方式并没有根本解决中低收入人群子女"入园贵"问题的现象。

---

① 庞云凤.培养农村学前教育师资:契机与使命——基于对山东省农村幼儿园师资现状的调查[J].幼儿教育,2010(36):33-37.
② 胥兴春.人力资本和社会支持与农村幼儿教师流动的实证研究[J].教师教育学报,2016,3(04):19-24.

为了分析目前普惠性民办幼儿园收费标准对于一般家庭子女入园的可负担性现状,本书收集了16个城市公益性民办幼儿园保育费标准的限价,同时收集了这些城市城镇居民年均可支配收入和农民人均收入数据,并由此计算公益性民办幼儿园收费标准对三口之家城镇居民有一个儿童入园占其可支配收入的百分比,以及对三口之家农民家庭有一个孩子入园在其家庭纯收入中的百分比。有关结果见表2-23。

表2-23　若干城市普惠性民办幼儿园收费标准占城镇居民可支配收入及农民家庭纯收入百分比

省份	城市	普惠性民办幼儿园收费（元/月）	城镇居民年均可支配收入（元）	农民人均纯收入（元）	占城镇居民家庭可支配收入的百分比（%）	占农民家庭纯收入的百分比（%）
北京	—	2 000	36 469	16 476	18.28	40.46
天津	—	1 200	29 626	13 571	13.50	29.47
辽宁	沈阳	1 000	26 431	13 045	12.61	25.55
江苏	南京	550	32 732	13 328	5.60	13.76
安徽	合肥	640	25 434	9 081	8.39	23.49
福建	厦门	500	37 576	13 455	4.44	12.39
山东	济南	480	20 032	6 932	7.99	23.08
湖北	武汉	400	27 061	11 190	4.93	11.92
湖南	长沙	600	30 288	15 763	6.60	12.69
广东	广州	1 380	38 054	16 788	12.09	27.40
广西	南宁	1 800	22 561	15 292	26.59	39.24
四川	成都	600	27 194	11 501	7.35	17.39
贵州	贵阳	800	21 796	8 488	12.23	31.42
云南	昆明	900	25 240	8 040	11.89	37.31
甘肃	兰州	950	18 443	6 224	17.17	50.88
新疆	乌鲁木齐	500	18 385	10 356	9.07	16.09
平均值		894	27 333	11 846	11.17	25.78

注:①公益性民办幼儿园收费标准通过查询各地政策文本和媒体报道获得;②城镇居民年均可支配收入和农民人均纯收入数据来自各地2012年《国民经济和社会发展统计公报》;③普惠性民办幼儿园收费占比计算方式:每学期按10个月,每个家庭按3个人计算。分子为公益性民办幼儿园收费乘以10,分母为城镇居民年均可支配收入或者农民纯收入乘以3。

从表2-23中我们可以看到以下几点:第一,即便是普惠性民办幼儿园,其保育费在全国范围内也有较大的收费标准差异,最低的有400元/月,一些超一线城市一个月的入园价格高达2 000元,经过计算,全国平均保育费为894元/月。第二,普惠性民办幼儿园保育费占标准城市居民家庭可支配收入百分比有较大差异,最低仅占4.44%(福建厦门),最高占26.59%(广西南宁),平均占比为11.17%。第三,各地普惠性民办幼儿园保育费标准相对于三口之家的农民家庭收入来讲,其平均占比高达25.78%,最高达到50.88%(兰州),最低为12%左右(厦门、武汉等)。同时需要说明的是,上述百分比是对城市居民和农民收入的平均值而言,如果使用收入的中位数数据,该比例还会更高。此外,上述计算仅包括保育费而没有包括伙食费等其他费用。

尽管出于中央财政幼儿资助措施,各地纷纷出台政策对贫困幼儿入园实施财政资助,但覆盖范围还是非常有限。以上海浦东为例,2011年9月,浦东新区发布《关于对浦东新区经济困难家庭适龄幼儿实施学前教育资助的通知》,规定凡符合条件的经济困难家庭儿童,其入园期间保育教育费、一日一餐两点伙食费经幼儿园统计后,上报,由财政统一划拨。在这一政策下,加大了对经济困难家庭儿童的资助。2009—2012年,浦东新区共投入财政资金784.83万元,资助儿童4 000人次。90%左右的在园幼儿能够享受到普惠性服务,浦东新区普惠性幼儿园保教费标准为上海市最低工资标准的1/8,为上海市平均工资标准的1/28。浦东新区也许可以算作全国学前教育的典型,该区获得资助的儿童数量为平均每年1 000人左右。因此我们可以断言,对于全国大多数地区的中低收入家庭而言,入读普惠性民办幼儿园依然"入园贵"[109]。

(1) 各个收入阶层的学前教育支付能力存在巨大差异

现阶段,国民分配主要向个人倾斜,我国居民的人均收入和储蓄率都有了大幅增长,加之受"教育不能输在起跑线上"等理念的影响,幼儿家长对幼儿学前教育普遍较为重视,因此对于学前教育的需求空前高涨。但受诸多客观因素的制约,目前我国各个地区家庭的学前教育支付能力有较大的差异,从而在实际入园中,并非每一个家长的需求都能得到有效的满足。如表2-23中数据所示,2008—2013年我国幼儿园生均学杂费占城市居民人均可支配收入的比例、占农村居民人均纯收入的比例均呈增长态势。但显而易见的是,后者较之前者的增长幅度更大。截至2013年,幼儿园生均学杂费仅占城市居民人均可支配收入的10.61%,但该项支出却占农村居民人均纯收入的39.32%。二者的差异极为悬殊,表明幼儿园的学杂费用在近几年有了一定实质性的增长,这对于农村家庭来说是一笔十分有压力的支出。详见表2-24。

表2-24　2011年城乡居民家庭的学前教育支付能力比较

农村	比重(%)	支付能力(元)	城镇	比重(%)	支付能力(元)
最低收入户	20	-338.49	最低收入户	10	6 828.5
中等偏下收入户	20	7 318.76	较低收入户	10	13 922.18
中等收入户	20	11 945.39	中等偏下收入户	20	19 680.61
中等偏上收入户	20	31 430.16	中等收入户	20	26 661.04
			中等偏上收入户	20	36 268.27
高收入户	20	33 058.66	较高收入户	10	49 115.86
			高收入户	10	89 247.07

如表2-24所示,我国农村家庭对幼儿园学费的支付能力明显弱于城镇家庭,城镇最高收入家庭的学前教育支付能力是农村最高收入家庭的2.7倍。且城乡不同收入阶层间的学前教育支付能力差异也存在着巨大的鸿沟,城市最高收入户的支付能力是最低收入户的13.07倍。比照当年幼儿园2 198.86元的生均学费标准,按学制为3年进行计算,可以发现农村最低收入户毫无学前教育支付能力,农村中等偏下收入户和城市最低收入户支付幼儿园学费后已所剩无几,勉强具备学前教育支付能力。家庭对学前教育的支付能力是对幼儿学前教育的最基本支撑,当家庭缺乏支付能力或支付能力不强时,会直接影响到其学前教育需求。这意味着该年有将近40%的农村家庭与10%的城市家庭的幼儿将因家庭支付能力不足而被迫失去进入幼儿园就读的机会,或被迫选择质量较为低劣的幼儿园就读,这种后果违反了学前教育应该具有的公平性和普惠性,不利于教育公平的实现,更不利于消除贫富之间的差距[110-112]。

(2)家庭分担学前教育成本的比例偏高

教育成本在现阶段的定义中共有两层含义:一是指国家拨出的用于教

育事业中的一切直接和间接劳动,二是指单位的消耗量,即培养一名学生所需消耗的成本,包括教育的机会成本和变动成本等。因此,本书中的学前教育成本即为幼儿在幼儿园学习生活中消耗的价值的总和。学前教育是一种兼顾公共产品与私人产品属性的准公共产品,但由于其对于社会的公共收益率远大于个人收益率,因此学前教育在性质上更加接近于公共产品。国务院颁布的《国务院关于发展学前教育的若干意见》中明确指出:"发展学前教育,必须坚持公益性和普惠性,努力构建覆盖城乡、布局合理的学前教育公共服务体系,保障适龄儿童接受基本的、有质量的学前教育。必须坚持政府主导,社会参与,公办民办公举,落实各级政府责任,充分调动各方面积极性。"[113]由此可见,政府是当前分担学前教育成本的主力军,若家庭分担的成本比例偏高,则明显有违其公益性。根据收集数据显示(图2-7,图2-8),2008—2013年我国家庭分担学前教育成本的比例呈现增长后逐渐下滑的趋势;同期政府分担学前教育成本的比例则呈反方向的变动趋势,表明这两者之间存在此消彼长的关系。伴随着政府分担比例的滑落,家庭的分担比例必然会有所提升。2010年是具有分水岭意义的一年,在这以前,家庭分担学前教育成本的比例均低于30%,到了2010年,这一比例攀升至53.45%,达到历史最高水平,其后呈下滑趋势,但最低水平仍然达到43.9%。据计算,这一时期,家庭年均负担学前教育成本的比例为39.32%,而同期家庭对普通小学、普通中学教育成本的年均分担比例分别为2%、7.54%,即使是更加接近于私人产品的高等教育,家庭年均负担成本的比例仅为31.85%,相对于国内其

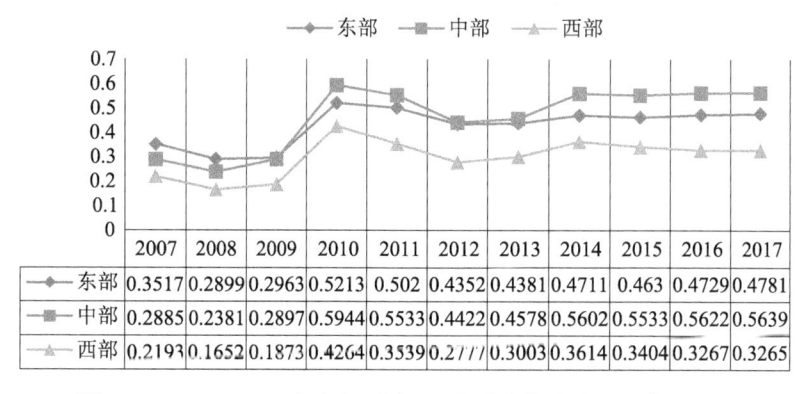

	2007	2008	2009	2010	2011	2012	2013	2014	2015	2016	2017
东部	0.3517	0.2899	0.2963	0.5213	0.502	0.4352	0.4381	0.4711	0.463	0.4729	0.4781
中部	0.2885	0.2381	0.2897	0.5944	0.5533	0.4422	0.4578	0.5602	0.5533	0.5622	0.5639
西部	0.2193	0.1652	0.1873	0.4264	0.3539	0.2777	0.3003	0.3614	0.3404	0.3267	0.3265

图 2-7 2007—2017年东部、中部、西部学前教育成本家庭分担比

他教育阶段,家庭负担学前教育成本的比例明显偏高。

	2007	2008	2009	2010	2011	2012	2013	2014	2015	2016	2017
东部	0.621	0.646	0.647	0.365	0.441	0.515	0.525	0.5	0.506	0.495	0.488
中部	0.68	0.677	0.659	0.286	0.357	0.489	0.46	0.396	0.406	0.406	0.398
西部	0.762	0.773	0.772	0.485	0.559	0.661	0.64	0.601	0.633	0.627	0.631

图 2-8　2007—2017 年东部、中部、西部学前教育成本政府分担比

(3) 社会分担学前教育成本意识有待进一步提升

社会分担学前教育的形式共有三种:一是缴税时直接缴纳教育附加税;二是直接向幼儿园提供人力和物资,即为捐赠;三是对幼儿园的培训合同支付费用。教育经济学家帕卡罗伯洛斯(Pacloboros)认为,沿着学前、初等、中等、高等教育的顺序,各个阶段所产生的社会效益在不断减少,个人效益在不断上升,即作为基础阶段的学前教育能够产生最多的社会效益。这一观点与我国著名教育经济学家王善迈先生的理论相一致,因此,社会也应该是学前教育分担的主力军[114]。

受经济和社会观念发展等多方面因素的影响,西方发达国家的捐赠氛围极为浓烈,甚至在一些国家,捐赠为学前教育资金的主要来源。但在我国尚没有形成这样大规模的捐赠氛围,仅有的一些社会资源通常流向中东部地区的知名高校,向幼儿园捐赠的少之又少。据研究数据统计,社会捐赠的教育经费在 2008—2013 年这 5 年间,由 1.52 亿元涨至这 5.02 亿元,但其中承担学前教育的部分始终不超过 0.76%,社会分担学前教育成本的比例微乎其微,除 2010 年超过 10% 之外,其余均在 10% 以下,企业、个人、经济组织向幼儿园捐赠的热情普遍不高[115]。现阶段,我国学前教育成本分担的形式仍以二元主体为主,即学前教育成本基本由政府和家庭分担,因此,社会分担学前教育的能力有待进一步的提高[116]。

第3章 我国基础教育公共投入结构选择的演变趋势及后果

3.1 我国基础教育公共投入结构选择的演变趋势

3.1.1 2010年以前我国基础教育公共投入偏向的空间特征

随着社会文明程度的不断提高,政治经济文化得到了迅速发展。在这样的大背景之下,社会各方面的竞争也日趋激烈,家长们为了能让孩子在这样的环境下更好地生存甚至是脱引而出,不断提升对教育的重视程度,并且对孩子的教育投入被前置到了学前教育阶段。进入优质幼儿园接受高质量的学前教育是幼儿家长日益强烈的诉求,然而与此相矛盾的是:我国学前教育享受到的财政性资源相对较少,学前教育供需不平衡情况突出。图3-1展示了2007年全国各省份学前教育财政性投入与义务教育阶段财政性投入的比例,数值越小表明教育财政性投入的偏向越严重。从图3-1中可以看出,2007年我国各地区都存在着较为严重的基础教育公共投入偏向,28个省份的基础教育公共投入偏向都小于0.07,其中有25个省份的基础教育公共投入偏向在0.05以下,最低的省份海南省仅为0.009,西藏、湖南、江西等6个省份的基础教育公共投入在0.02以下,而最高的省份上海也仅达到0.361,其次是天津达到0.097,最高的两个省份之间的差距较大,总体上呈现为教育财政投入水平较低。在这些较低水平中,不同省份之间又存在着一定的差距,导致我国出现不同省份学前教育发展不平衡的现象。按照统计年鉴中的分类,全国可以分为二大区域:东部地区包括北京、天津、河北、辽宁、上海、江苏、浙江、福建、山东、广东、海南共11个省(市);中部地区包括山西、吉林、黑龙江、安徽、江西、河南、湖北、湖南8个省份；西部地区包括内蒙古、广西、重庆、四川、贵州、云南、西藏、陕西、甘肃、青海、宁夏、新疆12个省(市、自治区)。从图3-1中可以看出,虽然基础教育公共投入偏向最小的海南属于东部地区,但是由于上海、浙江、福建等沿海省(市)的基础教育公共投入偏向较高,使得东部地区的整体均值仍然高于中西部地区。由此可见,2007年我国学前教育投入已经成为教育财政性投入结构中的短板,并且各地区对学前教育的重视程度存在着很大差异,这也造成了我国整体学前教育水平的不均衡。

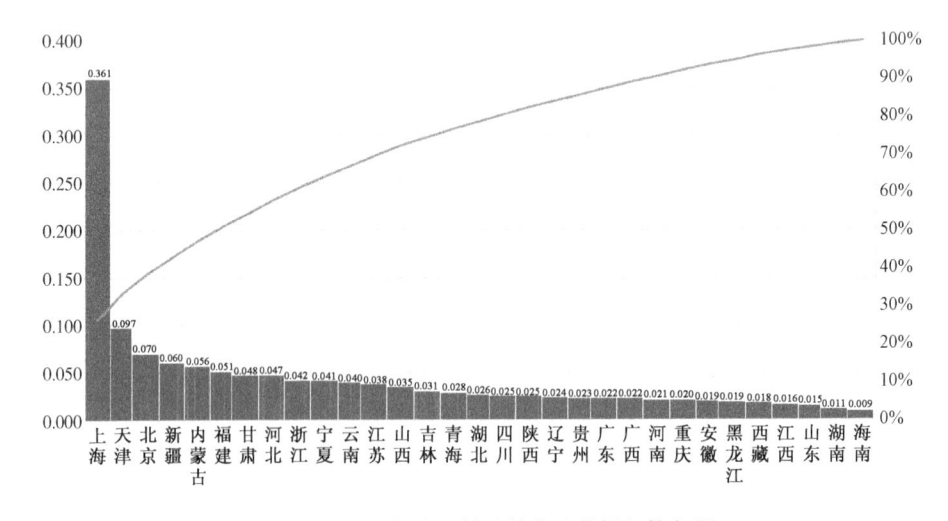

图 3-1 2007年我国基础教育公共投入偏向图

布朗芬布伦纳生态系统理论认为,幼儿教育的发展受到多重生态系统的影响。因此,除了基础教育公共投入偏向数值偏低以外,社会及经济等诸多因素共同造成了"入园难,入园贵"的问题。其中具有标志性的事件便是20世纪90年代的幼儿园转制。在这个过程中,政府关停了很多企事业办幼儿园,这使得幼儿园的数量大幅下降,学前教育资源不平衡进一步加剧。人们很快感知到了该领域存在着巨大商机,各种带有营利性质的民办幼儿园相继出现。虽然这在一定程度上满足了学前教育市场的供给空白,但是带来了新的问题,即民办幼儿园各方面的教学质量难以得到保障,甚至会威胁到幼儿的生命健康,例如近年来民办幼儿园的虐童事件屡遭曝光,社会反响强烈。因此,如何能让孩子上幼儿园,上好的幼儿园,上好的公办幼儿园成为了社会关注的热点话题之一。

3.1.2 2010年以后教育财政相关政策梳理

鉴于此,学前教育事业发展过程中出现的种种问题引起了政府的高度关注,国家开始通过一些政策手段参与到学前教育水平的提升之中。一方面,国家鼓励公立幼儿园和普惠性幼儿园的发展,并开始实施学前教育三年行动计划;另一方面,政府也出台了一系列财政资助学前教育的政策,加强学前教育财政投入,并且这种财政扶持政策向农村和社会弱势群体倾斜,重点保障中西部农村适龄儿童和满足城镇新增适龄儿童入园需求,让更多幼儿接受到高性价、合适的学前教育。从这些学前教育财政投入政策中可以看出,它们更加突出公平性的价值导向,这是我国政府在新时代背景下的财政投入重点,财政投入政策更加趋向公平化和均衡化,相关政策见表3-1。

表3-1 国家保障学前教育财政投入公平的文件政策总结

时间	文件政策名称	政策内容
2010.07	《国家中长期教育改革和发展规划纲要(2010—2020年)》	加大政府投入,完善成本合理分担机制,对家庭经济困难幼儿入园给予补助。要进一步加大农村、边远贫困地区、民族地区教育投入。中央财政通过加大财政转移支付,支持农村欠发达地区和民族地区教育事业发展,加强关键领域和薄弱环节,解决突出问题。
2010.11	《国务院关于当前发展学前教育的若干意见》	财政性学前教育经费要在同级财政性教育经费中占有合理比例。中央财政设立的各项经费主要用于支持西部农村地区、少数民族地区和少数边疆地区的学前教育发展。 多种渠道扩大学前教育投入;加强幼儿园准入管理;强化幼儿园安全监管;规范幼儿园收费管理;坚持科学保教、促进幼儿身心健康发展;完善工作机制,加强组织领导;实施学前教育三年行动计划。
2011.09	《关于加大财政投入支持学前教育发展的通知》	政府主导,社会参与;地方为主,中央奖补;因地制宜,突出重点;立足长远,创新机制。 提出中央财政计划要在"十二五"期间安排500亿元用于发展学前教育,通过四类七个重点项目支出中西部地区和东部困难地区发展农村学前教育。

续表

时间	文件政策名称	政策内容
2012.02	《学前教育督导评估暂行办法》	明确了政府职责、经费投入、院所建设、队伍建设、规范管理、发展水平这六个方面的评估内容,进一步推动了各地学前教育三年行动计划的实施。
2012.06	《国家教育事业发展第十二个五年规划》	省级政府制定本区域学前教育发展规划,完善发展学前教育政策,加强学前教育师资队伍建设,建立学前教育的经费保障制度。
2012.11	"十八大报告"	要努力办好人民满意的教育,办好学前教育。学前教育不仅要大力推进、积极发展,还要办出质量和成效,增进学前儿童的幸福和愉快,真正促进学前儿童身心和谐发展。
2018.01	《中共中央 国务院关于全面深化新时代教师队伍建设改革的意见》	强调保障财政投入建设幼儿教师队伍及扶持经费的保障; 对于经费的投入,要优化结构,切实保障学前教育经费的增量部分要向学前教育事业中的教师队伍建设倾斜,增加的学前教育财政重点用于教师待遇和专业素质能力的提升,加大师范教育的投入力度; 办好学前教育师范专科学校和支持师范院校设立学前教育专业,前移培养起点,建立幼儿园教师全员培训制度,加大对幼儿园园长,以及普惠性民办幼儿园、乡村幼儿园教师的培训力度。
2018.02	《教师教育振兴行动计划(2018—2022年)》	将教师培训经费列入财政预算中,中央财政要运用现行的政策和资金加大对教师教育和培训的支持力度,将幼儿教师培养培训作为资金使用的重要项目; 幼儿园按照年度公共经费预算总额的5%来安排幼儿教师培训经费。
2018.06	《关于下达2018年中小学幼儿园教师国家级培训计划专项资金预算的通知》	中央拨付198 500万元用于中小学幼儿园教师的培训工作,设立专款专项监察制度。
2018.10	《个人所得税专项附加扣除暂行办法》	新增个人所得税法规定的子女教育、继续教育等专项附加扣除办法。

续表

时间	文件政策名称	政策内容
2019.03	《关于做好 2019 年中小学幼儿园教师国家级培训计划组织实施工作的通知》	建立幼儿园教师培训专项资金管理办法。遴选新进的幼儿教师,对学前教育专业幼儿教师进行培训,特别针对集中连片特困地区和国家级贫困县的乡村幼儿园教师,通过研修结合的培训方式来提高幼儿园园长及教师的素质。

可以看出,2010 年对于我国的学前教育事业来说是里程碑式的一年。一方面,中央政府从 2011 年开始通过"财政部、教育部共同负责的中央财政支持学前教育发展专项"以及"农村学前教育推进工程"这两个专项对学前教育进行财政投入[117]。这种中央财政投入的特点是:建设公办幼儿园,注重硬件建设(改扩建校舍),农村、边远、贫困和民族地区是其关注的重点投入对象。2011—2017 年,中央财政累计投入 1 100 多亿元,由此带动地方财政投入超过 5 000 多亿元。2012—2017 年,由中央财政筹备的学前教育资金达 66 亿元,拉动地方投入达 266 亿元,累计资助经济困难家庭幼儿 3 100 多万人次。另一方面,财政部、教育部《关于加大财政投入支持学前教育发展的通知》提出"地方为主,中央奖补"的原则,中央对学前教育进行财政投入的目标之一是带动地方政府加大对学前教育的财政投入。在中央的带动之下,地方政府采取多种方式增加学前教育的财政投入。主要有以下三种途径。

(1) 增加投入,强化经费保障

四川省 2017 年全省学前教育总投入 172.16 亿元,其中公共财政预算安排学前教育经费 89.85 亿元,占学前教育总投入的 52.19%,占公共财政教育总投入的 5.44%。2018 年,整体投入到学前教育的资金为 33 亿元,并构建了高校的经费保障机制来维护公办园的稳定运营,以使其能够长久地发展下去。

(2) 实施学前一年、三年免费教育

陕西省从 2011 年秋季开始,率先在全国实施学前一年免费保教费政策,截止到2018年,我国已有34个县区实施了学前三年免费教育。

(3) 强化师资建设,保障教师待遇

近几年我国的财政政策也更加重视幼儿教师质量提升的问题,2018年颁布的大量通知与细则均体现了幼儿教师接受学前教育培训的权利以及资金的使用细则。在这些政策的引导下,青海省2018年将幼儿教师工资标准列入县级财政预算,并按照农区每月不低于1 600元、牧区每月不低于1 800元的标准发放。山东省在核定公办园幼师人员编制的基础之上,将幼师待遇与财政挂钩,幼师待遇也从根本上得到了保障。

3.1.3 2010年以后我国基础教育公共投入偏向的空间格局及变化

2010年是教育部实施学前教育三年行动计划的开局之年,虽然各地政府对于增加学前教育财政性投入的方式各异,但无论是学前教育财政性投入总量还是基础教育公共投入偏向,都有了明显的上升。从2010年开始颁布的《国家中长期教育改革和发展规划纲要(2010—2020年)》(以下简称《规划纲要》)明确提出要推动学前教育发展,到之后接连出台的一系列政策均为我国学前教育事业的发展提供了契机,这些政策使得我国政府在增加学前教育资源供给、优化教育财政性投入结构等方面都取得了长足的进步。图3-2展示了2000年至2017年我国学前教育财政性经费投入总量的变化趋势。从图3-2中可以看出,我国学前教育财政性经费投入总量呈现阶段性上升趋势。2010年以前虽然我国学前教育财政性经费总量每年都在增长,但是增速缓慢,其中,2000年至2004年的增速维持在15%左右,2005年至2009年的增速上升至25%左右,最高年份2007年的增速为29.31%,最低年份2005年的增速为20.55%。自2010年学前教育三年行动规划实施以来,学前教育财政性经费总投入实现了快速增长,增速在2010年迅速上升至46.96%,之后的增速持续上升,并且很快在2012年到达79.87%的峰值。虽然近几年学前教育财政性经费投入的增速有所放缓,下降至20%左右的增速,但是学前教育财政性经费投入总量仍在上升,并且在2015年首次突破了1 000万。由此可见,随着这一系列政策的出台,学前教育财政性投入力度得到了明显的加强[118]。

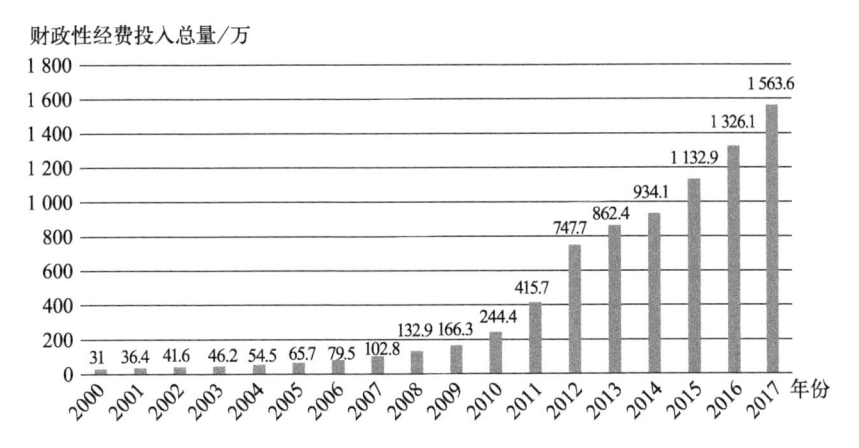

图 3-2　2000—2017 年学前教育财政性经费投入总量趋势图

除了学前教育财政性经费投入总量上升,基础教育公共投入偏向也有了很大的改善。图 3-3 展示了 2017 年我国各省份基础教育公共投入偏向,与图 3-1 相比已经发生了很大的变化。与 2007 年相比,所有省份的基础教育公共投入偏向都明显上升,其中上升幅度最大的是西藏,从 2007 年的 0.017 上升至 2017 年的 0.27,上升幅度最小的是上海,但该地区仍然是所有省份中基础教育公共投入偏向最高的。从总体上看,2017 年基础教育公共投入偏向最小的省份为湖南,与 2007 年基础教育公共投入偏向最小的省份海南相比,其值已经从 0.009 上升至 0.063,最高的省份仍然是上海,但其值已经从原先的 0.36 上升至 0.51。虽然财政性教育投入结构有所改善,但是地区不平衡的问题仍然非常明显。基础教育公共投入偏向高的省份仍然集中于东部地区,使得东部地区基础教育公共投入偏向整体上要高于其他两个地区。其中变化最为明显是西部地区,基础教育公共投入偏向均值从 2007 年的 0.03 上升至 2017 年的 0.173,仅次于东部地区的均值 0.186,变化加大的省份如西藏、新疆等也都集中于该地区。这一数据也验证了上述中央财政投入的特点,即重点关注农村、边远、贫困和民族地区。同时,若对 2007 年至 2017 年基础教育公共投入偏向增长率相近的省份进行观察可以发现,增长率相近的省份多为地理上相邻或者相近的省份。例如,增长率介于100%~200%的省份分别为辽宁、河北、云南、内蒙古、吉林、山西、天津,其中除了云南,其余7个省份均互为地理相邻或相近的省份;贵州、四川、青海、湖南、江西等省份的基础教育公共投入偏向的增长率处于400%~500%之间,这5个省份在地理上互为相邻,但与上述的7个省份相距较远,所以增长率也存在较大差距;同时增长率介于200%~400%的省份如江苏、浙江、福建等也是地理位置相近的省份。由此可见,各个省份对学前教育的财政性投入可能不仅仅受到中央相关政策的影响与引导,同时也受到相邻地区学前教育财政性投入经费总额的影响。因为中央虽然鼓励地方政府重视该区域内的学前教育,但是具体应如何重视、学前教育财政性投入应增加的具体数值是多少、财政性教育支出结构具体应如何安排,中央的政策文件中并没有给出具体指示。所以对于地方政府来说,对教育财政性支出结构的优化都还处在一个探索与尝试的阶段,而为了保持本地区现有经济水平的稳定,最大幅度地降低尝试的风险,同时也不至于落后于其他省份,模仿相邻省份是比较稳妥的做法,于是出现了相邻省份基础教育公共支出

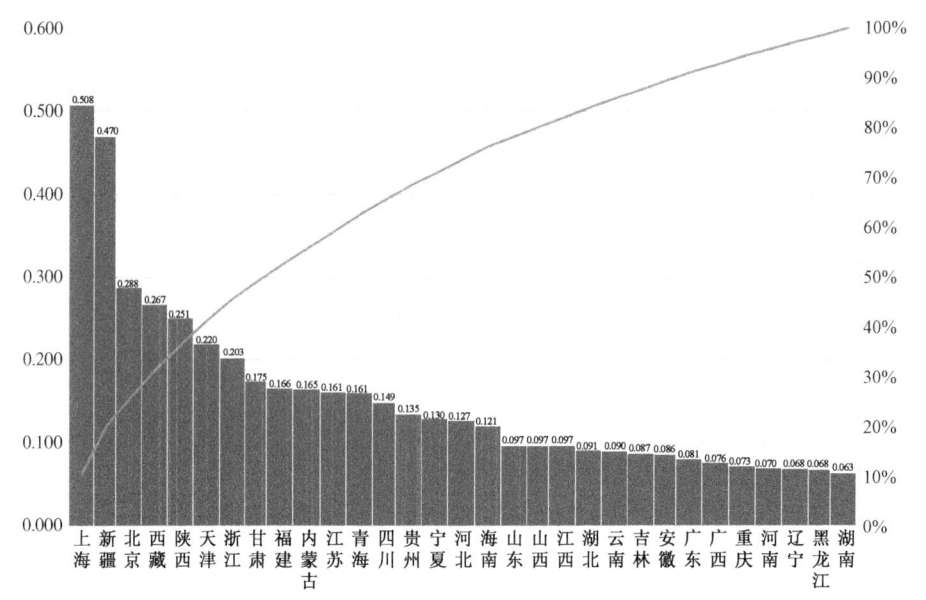

图 3-3　2017 年我国基础教育公共投入偏向图

偏向变化方向相同、变化程度相近的现象,而且地理位置越是相邻,基础教育公共支出偏向变化方向相同,变化程度的相近程度越高。由此提出假设1：

H1:我国基础教育公共投入结构选择存在策略互动行为。

3.1.4 我国学前教育公共投入的现实困境

学前教育财政投入总量与基础教育公共投入偏向的数据都向我们展示出学前教育越来越受到国家的重视,学前教育享受到的财政性资源也越来越多,但是仍然面临很多现实困境,一直以来受国家高度重视的"入园难,入园贵"问题仍然存在。随着全面两孩政策的实施,我国出现了一次生育小高峰。根据国家统计局数据显示,2016年至2018年全国出生人口分别为1 786万、1 723万、1 523万(国家卫生健康委住院分娩统计,2016年、2017年全国住院分娩活产数分别为1 846万、1 758万),两年的小高峰与往年相比,增加的婴儿数为300万,并且这些婴儿主要分布在城市地区。加之前几年国家将提升学前教育水平的着力点放在农村以及一些贫困落后地区,这使得近几年通过学前教育财政投入增加所扩大的学前教育供给无法赶超由生育小高峰带来的入园需求的增加,最终导致很多现实的困境。首先,公办普惠性幼儿园的缺口仍然过大,由于仅能满足部分入园需求,有些幼儿园不得不采取"半入园"措施。为了解决公办幼儿园占比低、数量少的问题,市政府大力推动民办幼儿园转公办、转普惠。但是,由于民办转公办、转普惠申请条件严格、政策补贴低,按照普惠园的收费标准难以支撑运营,所以民办幼儿园转普惠的态度并不积极。为了解决入园难的问题,某些地区曾尝试推广小班错峰入园,即把小班的孩子分为两批,一批上午在园,一批下午在园,学费也只收半价。但是这种错峰入园却给家长带来了新的困扰,家长必须每隔两小时就将孩子接回家,这对于很多家庭来说并不现实。其次,马克思主义经济学理论认为供求关系影响价格,园少生多终将会导致"入园贵"的现实难题。目前,很多民办园的收费标准对于大多数家庭来说是一笔不小的经济负担,而且在目前新冠肺炎疫情的影响之下,很多民办幼儿园运营困难,民办幼儿园的倒闭和师资流失进一步导致学前教育资源紧张。一位私立幼儿园老师表示,疫情期间园方每个月只能发500元基本工资。她在内蒙、河北、山东的同行反映,很多私立幼儿园教师在疫情期间是零收入,已有私立幼儿园倒闭,出现幼师辞职转行现象。可见,虽然学前教育财政投入不断加大,但是"入园难,入园贵"仍然会是困扰社会大众的现实难题。

3.2 学前教育成本分担情况及变化

结合以上分析可以看出,尽管教育部于 2010 年提出了未来三年基本解决"入园难,入园贵"的问题等目标,同年还出台了《国家中长期教育改革和发展规划纲要(2010—2020 年)》,并明确了学前教育的发展目标,即推动学前教育发展,到 2020 年能基本上实现学前教育普及,社会也加大了对学前教育投入的重视程度,但是目前来看,这些目标并没有得以实现。本节将从生均学前教育财政性经费成本分担的视角展开对学前教育财政投入面临问题的分析,从时间和空间两个维度探究问题的原因。

3.2.1 生均学前教育财政性经费的分布及变化

基于全面普及九年义务教育的强制性任务,地方政府在 2009 年之前的教育经费投入方面,主要偏向义务教育阶段,因而造成投资回报周期较长的学前教育缺乏财政投入资金,导致学前教育财政拨款不足。然而自 2010 年我国出台了一些系列政策后,我国学前教育的财政投入得到了迅速发展,地方政府生均学前教育财政性经费的投入也出现了增长迅速的局面。

然而从现实情况来看,2007—2012 年这五年间,地区之间普遍存在着生均学前教育财政性经费投入快速上涨的现象,且从不同地区的增长情况来看,由于受到一部分政策扶持的影响,一些经济欠发达的西部地区的增长幅度要大于东部和南部地区中经济较为发达的省份,地理相邻地区之间的生

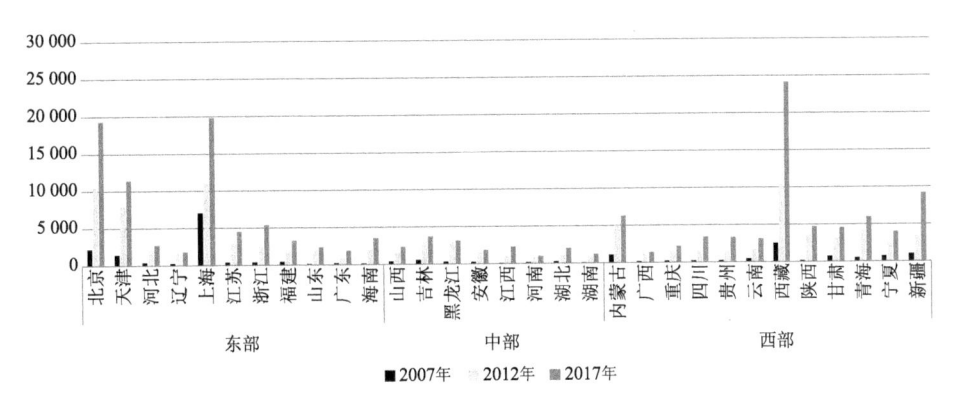

图 3-4　2007 年、2012 年和 2017 年我国生均学前教育财政性经费情况图(单位:元)

均学前教育财政性经费也具有趋同性,一定程度上反映出了地理上相邻的地区在选择学前教育财政性经费投入时会有一定的关联性。从各个地区的总量上来看,东部和西部地区的生均学前教育财政性经费要明显高于中部地区,位于中部地区的人口大省河南省的增长幅度明显小于其他地区。但矛盾的是,在东部地区内部,也存在各省份生均学前教育财政性经费差距大的现象。其中,珠三角地区经济较为发达,经济结构在不断优化,与之相类似的上海市,2007 年的生均学前教育财政性经费已远超广东省,绝对数值超过了 6 000 元,是广东省的 30 倍,而 2012 年的上海市生均学前教育财政性经费的绝对数值已经超过广东省的 10 000 元,是其生均经费的 12 倍。同样,处于东部地区的北京和上海,无论从绝对数还是从比重比较,都远高于传统意义上的教育大省山东省;尽管地理相邻的江浙两省其发展较为接近,但是与上海和北京相比,还是存在一定差距。

再从 2012 年和 2017 年的截面数据来看,总体上,2012—2017 年的增长幅度低于前五年的水平,由于国家财政性教育经费已经到了"后 4%"时代,学前教育财政性经费投入增长速度也会随之降低。同样,地区之间发展不均衡的现象依然存在,中部地区相较于东西部地区,仍然处于较低的水平,且增长速度较低,发展较为迟缓,这也造成了中部地区的生均学前教育财政性经费与其他地区的差异在加大,特别是人口大省河南省,与东部地区最为发达的上海和北京相比,差距接近 20 倍,如此庞大的适龄受教育群体的生均学前教育财政性经费与全国平均水平差异也在加大。与上一个五年一样,东部地区内部的生均学前教育财政性经费差异也非常大,上海、北京和天津的生均学前教育财政性经费水平远高于其他地区,而山东与江浙地区的发展状况相比较为不足。

这些现象在一定程度上也与我国财政分权的制度相关,随着事权下移,省、市、县级政府成为制定地区教育财政政策的主体,地方政府的教育经费总量是有限的,而学前教育事业的发展也并不影响政府的绩效考核,在缺乏有效激励的情况下,地方政府更愿意将教育经费优先投入到回报期更短的中学和高等教育上。西部地区发展较为落后,家庭收入水平较低,中央政府给予相关政策扶持,使得西部地区的生均学前教育经费水平要高于中部地区。以上这些原因造成了地方政府之间学前教育经费投入发展不平衡的现象[119]。由此提出假设2:

H2:策略互动行为体现为地方政府的标尺竞争。

3.2.2 学前教育政府分担情况及变化

政府分担比重主要指学前教育的国家财政性教育经费在学前教育经费总投入中的比重,可以反映出政府在学前教育投入过程中所扮演的角色。从整体上来看,我国学前教育经费总量中,政府投入占比处于一个较高的水平。但是从2007年、2012年和2017年的情况来看,除了个别地区(例如西藏、山东等),政府分担比重在逐年降低,这就意味着,尽管财政性教育经费在逐年增加,但是由于总投入增加,其他主体需要负担更多的教育经费。

从局部情况来看,2007年我国大部分地区的教育经费总投入都由政府承担,其中政府分担比重从西部到东部地区呈现递减趋势,且北方地区政府的分担比重要高于南方省份。再从2012年的数据来看,总体的变化幅度较大,在学前教育行动计划开展两年之后,地区之间成本分担不平衡的现象更加明显。其中,发展较为落后的西部地区由于家庭收入等原因,家庭和社会的支付能力较弱,这就需要政府提供更多的财政支持来保障适龄儿童的学前教育,因而政府分担的比重并没有下降太多;然而在同样存在财力薄弱情况的中部地区,政府分担的比重却大幅下降,这意味着家庭和社会需要承担

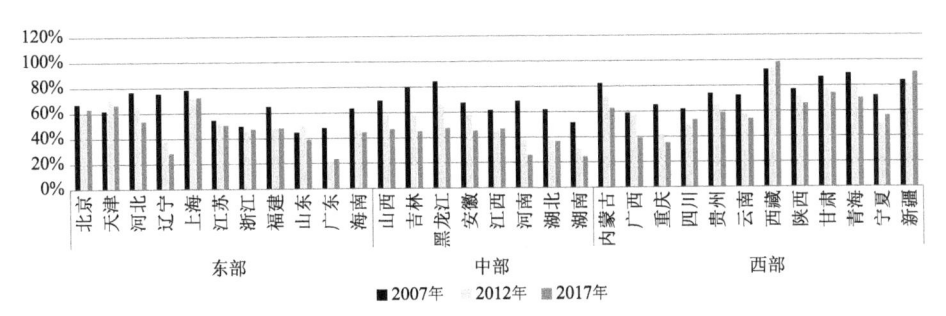

图 3-5　2007 年、2012 年和 2017 年我国学前教育公共投入政府分担情况图

更多的学前教育成本，加大了家庭和社会的负担。

2017 年的数据相较于之前五年的情况，变化幅度较小，从地区上来看，仍然存在着中部地区政府分担的比重较低而东西部地区政府分担的比重高的现象，一部分原因也在于教育经费总投入占 GDP 的比重达到 4% 之后并没有太多变化，以至于财政经费的投入结构也并没有过多调整。从东部内部结构来看，上海、北京和天津三个直辖市的政府分担比重与生均学前教育财政性经费的情况一致，都处于最高的水平[120]；江、浙、闽、皖、赣等地理位置相邻的地区呈现出政府分担比重相似的情况，这也意味着这些相邻地区的学前教育投入政策也存在关联性；然而经济发展情况相似的广东和江浙地区的差异却较大，处于珠三角地区的广东政府其分担比重只有 23%，江浙地区在 50% 左右，与此情况相类似的还有两地的公办园数量，江浙地区的公办园数量也要高于广东省的公办园数量。由此，本文进一步提出假设 3：

H3：地理位置相邻的地方政府在进行基础教育公共投入结构的决策时，策略互动程度更为突出。

3.2.3　学前教育家庭分担情况及变化

家庭分担比重主要指学前教育学杂费在学前教育经费总投入中的比重，可以反映出家庭在学前教育投入过程中扮演的角色。从整体上来看，地理位置相邻地区的家庭分担比重存在相似性。另外，2007 年到 2017 年的家庭支出比重有逐渐上升的趋势，也有多个省份的家庭支出占比超过了 70%，这意味着家庭需要投入更多资金在学前教育方面。家庭也是参与学前教育的主体,所以这在一定程度上加重了家庭的负担。同样,这一变化也反映出了学前教育的市场化在不断深化,但是也存在一定的问题,即我国民办园的数量超过了公办园,民办园的资金主要由学费和学杂费组成,由于缺乏政府的财政支持,也缺乏市场管理的监督机制,导致民办园收费较高而又缺乏明确的管理,进而突出了家庭与幼儿园之间的矛盾。

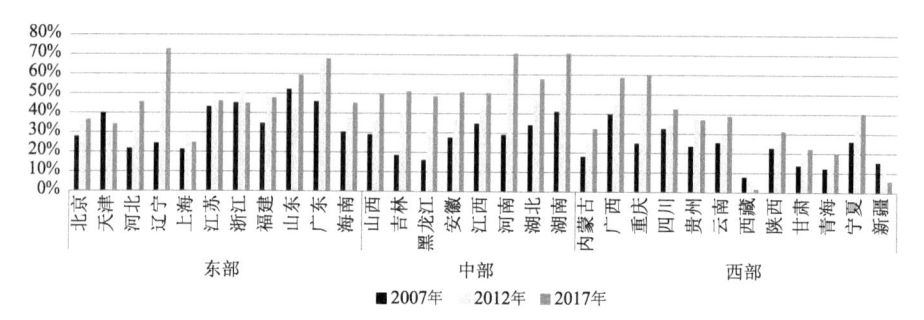

图 3-6 2007 年、2012 年和 2017 年我国学前教育公共投入家庭分担情况图

从局部情况来看,2007 年我国家庭负担比重较高的省份主要集中在东部沿海地区和南方省份,中部地区的家庭负担比中较低,而西部地区和北方省份的家庭负担比重明显偏低。这与地区经济发展水平的分布情况相类似,东部和南方地区由于经济发展水平较高,居民可支配收入也处于较高的水平,因此有能力也有意愿支付更高的学杂费;相较而言,西部居民的收入普遍较低,而且西部地区的学前教育资源相对比较落后,需要政府提供财政支持保障学前教育的发展。从 2012 年的情况可以看出,我国学前教育的家庭投入占比明显增加,而且中部地区的增幅最大,其比重也略微超过了东部沿海地区。与之不相匹配的是,中部地区的经济发展情况与东部相比存在不足,居民可支配收入也低于东部地区,这就意味着中部家庭需要在学前教育中比更加富裕的东部家庭承担更多成本。东部地区内部也存在着经济发展与家庭负担比重不匹配的现象,比如人均可支配收入和地方财力较高的上海,其学前教育总投入的家庭负担比重只有 28%,而相邻省份江苏和浙江在 50% 左右,经济发展水平与江浙地区相类似的广东省却高达 67%。

从2017年的情况来看,家庭分担比重呈现出总体上升的趋势,但是变化幅度相较于前五年而言变化较小。中部地区的家庭负担比重已经处于全国范围内的最高水平,平均水平达到56%,其中河南和湖南达到71%的水平;而财力较为发达的东部地区,其平均家庭分担比重为48%,其中上海、北京、天津三个直辖市仅在30%左右。以上反映出了我国地区之间学前教育的家庭分担比重存在差异,而且比重高低与经济发展水平不完全匹配,可能低收入地区的家庭需要分担更大比重的学前教育投入。

3.3 我国基础教育公共投入结构偏向的后果

综合以上三个时间点的生均学前教育财政性经费以及学前教育经费总投入的时空变化来看,2012年的截面数据有明显变化,其主要原因在于2009年我国完成全面普及九年义务教育任务,以及2010年开始实施的学前教育三年行动计划、《国家中长期教育改革和发展规划纲要(2010—2020年)》、《国务院关于当前发展学前教育的若干意见》以及2011年财政部发布的《关于加大财政投入支持学前教育发展的通知》等自上而下的重要计划和文件,中央将财政责任下放到地方政府,地方政府为了满足政绩考核而加大了对学前教育的投入,学前教育与义务教育公共投入的结构偏向也有所缓解,但是学前教育面临的诸多问题依然存在,对此将从学前教育公共投入的角度展开问题分析。

1. 生均学前教育公共投入发展不平衡

随着一系列计划和政策的发布,中央政府通过财政部和教育部共同负责的中央财政支持学前教育发展专项和推进工程,加大了对学前教育的投入力度,同时地方政府加大了对学前教育的财政投入,学前教育投入在总量上得以提升,使得基础教育公共投入结构偏向得以缓解。然而,从以上分析可以看出:一方面,虽然国家加大了对学前教育的重视程度,生均学前教育公共投入也有了较大增长,但是近年来增速有所放缓,与OECD国家的各阶段教育投入结构也有较大差异;另一方面,地方政府之间的学前教育公共投入有明显不平衡的现象,生均学前教育财政性经费近年来存在着东西部较高、中部地区较低的局面,与之不相匹配的是中部地区存在着学前教育资源相对不足、经济发展水平和财政收入情况相对落后于东部地区的局面,但其家庭需要负担更高的学前教育成本,因而导致了学前教育发展的不平衡和不充分。

2. 学前教育的家庭和政府成本分担比重不合理

一方面,从成本负担的主体来看,随着学前教育财政投入总体水平的提高,与之相伴的却是政府在学前教育总投入中负担的比重在减小。在社会负担比重总体变化较小的情况下,随着学前教育逐渐成为居民的基本教育需求,家庭作为幼儿教育的主要参与者,需要增加其成本分担,且2007—2012年间的负担比重有明显上升趋势,从投入方面加重了家庭的负担。另一方面,从不同地区的成本负担来看,对于经济相对落后的中部地区,其平均家庭负担比重增幅也高于其他地区,因此区域之间的成本分担也存在一定差异,这种区域之间负担情况的差异、家庭收入与成本负担之间的差异也最终导致了"入园难,入园贵"等问题。

3. 学前教育社会成本分担制度不科学

从全国范围来看,社会成本分担比重普遍处于低位,于2010年达到最高水平后呈现出下降的趋势,且2017年全国的学前教育成本社会分担比重仅在5%左右,其中东部地区的社会分担比重为4%,中部地区为5%,西部地区为4%,总体上情况较为接近。尽管我国于2014年在《关于实施第二期学前教育三年行动计划的意见》中提出了要建立普惠民办性幼儿园,但民间资本还是有限的,其主要办学成本还是依赖于幼儿家庭的学费投入和政府补助。并且民办幼儿园也存在着一定的收费乱象,由于是民办园自主定价,所以也会造成学费价格上涨、乱收学杂费的现象,加重了家庭的成本负担。

国有性质的企事业单位、捐赠者等社会主体占成本分担的比重也很低。其中,国有经济改革要求企业脱离社会职能,使得国有性质的企事业单位对下属幼儿园的经费投入也在减少;全国的社会捐赠占学前教育总经费的比重也仅仅维持在0.1%左右,难以惠及民众。

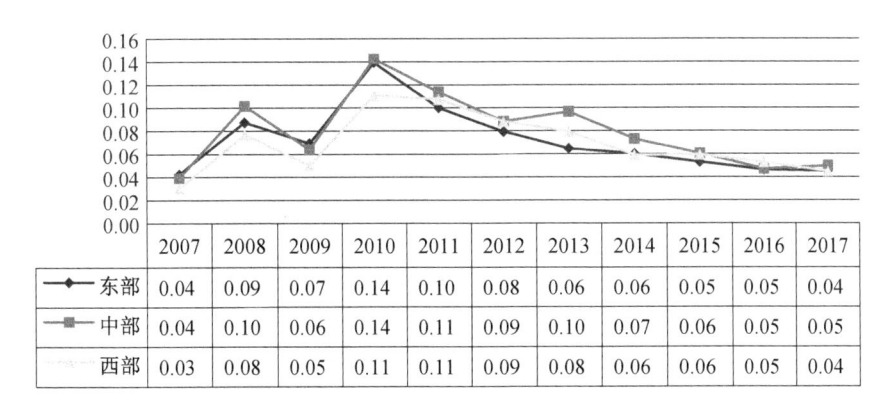

	2007	2008	2009	2010	2011	2012	2013	2014	2015	2016	2017
东部	0.04	0.09	0.07	0.14	0.10	0.08	0.06	0.06	0.05	0.05	0.04
中部	0.04	0.10	0.06	0.14	0.11	0.09	0.10	0.07	0.06	0.05	0.05
西部	0.03	0.08	0.05	0.11	0.11	0.09	0.08	0.06	0.06	0.05	0.04

图 3-7　2007—2017 年我国东、中、西部学前教育社会分担比重情况

第4章 我国基础教育公共投入结构策略互动行为的机理分析

4.1 财政分权下地方政府行为博弈分析的一般模型

主观博弈模型和演化博弈模型是财政分权下地方政府行为的一般模型的两种类型。静态分析是主观博弈模型的基础，主观博弈模型意味着模型的假设不是绝对理性的，也就是说地方政府选择博弈策略集的方式主要源于以前的决策经验、感知压力程度以及地方政府的理性程度。分析地方政府面临的跨域演化路径的另一种模式是演化博弈模型，路径意味着一种可能性，要想达成重新捆绑则需要同时具备内在因素和外在因素。

4.1.1 地方政府行为模式分析的主观博弈模型

主观博弈模型的假设基础是参与人的有限理性，在主观博弈模型的假设下，分析的基本单位是由政府、公民及官僚构成的政治域，域包括参与人的有限集合和每个参与人行动的技术可行集，每期所有参与人的行动组合称为行动组合，一个已经实现的组合成为域的内在状态。域的数据是影响参与人福利状态的行动组合后果的技术可行集，是参与人无法控制同时又在参数上影响他们行动后果的环境，是在给定环境状态下赋予每个技术上可行的行动组合以特定后果的技术关系。这里称参与人集合、参与人行动的技术可行集合和博弈的后果函数为博弈形式，博弈形式定义了博弈的外生性规则。

表4-1可以描述在一定域内，与任何参与人相关的博弈结构。左边一列代表参与人面临的数据（博弈形式），右边一列代表参与主体选择的变量。

第一行表示内生于参与人的微观维度,第二行表示参与人面临的外在性宏观维度。矩阵中的(CO)格是由后果函数代表的环境对参与人行动后果的影响,(A)格表示参与人的行动决策集合,(S)格代表参与人的策略选择,它受(E)格所代表的对其他人决策的预期的制约。

表 4-1 主观博弈结构的科斯盒子

	参数性数据 (博弈的外生规则)	内生性变量
内生于参与人 (微观)	(A)行动集合	(S)策略性行动决策
外生性约束 (宏观)	(CO)后果函数	(E)对其他人策略决策的预期

引入主观博弈模型是为了说明,在中央政府、地方政府、当地经济体政治体中,所存在的策略集受到有限理性的制约,又是外在参数和宏观约束的结果,所以对于博弈的三方参与者而言,博弈均衡解是成为可自我实施(self-enforcing)的纳什均衡解。因此,将地方政府行为模式纳入博弈模型之前,首先需考察各参与人博弈结构的科斯盒子。

4.1.1.1 中央政府

上述参数可表达为:(A_C)代表中央政府的行动集合,一般取决于由地方政府对中央政府的影响力(经济是影响力的主要因素,政治的影响程度较小)。(S_C)代表中央政府的策略性行动决策,换句话说就是放权和管制。(CO_C)代表中央政府关于后果函数的认知,一般根据历史数据判断,比如判断在相应政策激励下,地方政府对政策的反应和对政策的执行效率。(E_C)代表中央政府对其余参与人策略的预期,这里主要针对的是地方政府,中央政府对地方政府行为的预期可以通过中央政府对地方政府的博弈规则的界定和相应的制约机制来判断。

4.1.1.2 地方政府

上述参数可以表达为:(A_1)代表地方政府的行动集合,公共选择理论认为地方政府的行动集合通常表达为自身利益最大化的愿望。(S_1)代表地方政府的策略性行动决策,对象主要是中央政府和当地经济体和政治体。对于中央政府而言,地方政府策略的调整依据主要是中央政策的变动,而对于地方经济体和政治体而言,则有保守或者创新的策略集。(CO_1)代表地方政府对后果函数的认识,这主要取决于当地经济政治体意愿表达力度的强弱、中央政府对地方政府的监督力度以及非显性的权威。(E_1)代表地方政府对其他参与人策略决策的预期,地方政府行为模式是地方政府自身理性的选择,对其他博弈参与人的判断和预期直接影响了行为模式的形成。在这个过程中,地方政府的行为模式追求自身利益最大化。地方政府作为研究的最重要的参与方,受到本地区经济发展模式的约束,也受到来自中央政府和当地经济体和政治体的制约,这两者的要求是不同的。所以,地方政府行为模式取决于内部策略和外部策略,这个选择一旦确定,就成为可自我实施的博弈均衡解,具有一定的刚性,并对其他参与者和外在经济、政治环境产生影响。

4.1.1.3 当地经济体和政治体

上述参数可表达为:(A_P)代表当地经济体和政治体的行动集合,通常由其对政府享有的权力束来表达,例如:经济体发展对当地经济的影响程度以及政治体对政府的弹劾、监督以及其他的约束权力。(S_P)代表其策略性行动决策,对象主要为地方政府,简单表述为发展和观望。但对于这种策略性行动决策而言,地方政府通过其行为模式的选择可以相应地改变这种均衡解,也就是地方政府存在的与当地经济体和政治体合作或漠视的选择。地方经济体和政治体则通过收集的信息(主要基于过去行为惯性、地方政府发出的信号和某种社会的共有信念)来回应并采取行动决策,从而使这些影响内生到自己的行动策略中,成为可自我实施的纳什均衡解。(CO_P)代表其对后果函数的认知,比如对地方政府行政模式后果的一般性认识,但对于后果函数而言,通常只能通过观察得到与策略相适应性的知识而后进行判断。(E_P)代表其对其他参与人策略的预期,策略的预期既是参与人内生产生的,同时也是参与人面临的外生性约束。地方政府行为模式对当地经济体和政治体策略所施加的影响,导致其在初始的博弈规则中便受其制约,要想改变这一固有路径是十分困难的,由于信息的有限性,使得决策通常都是根据惯性做出,更增添了路径依赖的可能。

将主观博弈结构的科斯盒子与所要研究的各博弈参与人结合起来,可以清晰地发现:各博弈参与主体在一定的博弈规则下应会收敛于一种模式,即在某种博弈中找到一组纳什均衡解,只有当博弈形式的某种变量被打破并出现新纳什均衡解时,相应的行为模式才能出现并可能被巩固下来。但是,以上讨论的仅仅是存在于政治域的博弈均衡,如果将其他域(如共有资源域、经济域、社会交换域)参与人的各参数作为政治域的外在环境参数进行探讨,就可能会存在多重的均衡解。多重均衡解的出现虽然并不让人振奋(意味着不存在一种最优的博弈结果或最优的模式能够稳定地存在),但解释了现实地方政府模式上出现了异质性的可能。这一问题的出现,正是由于各地方政府所面临的内生变量和外在环境变量不同,并且在这样的情况下不同域之间也存在着不同的依赖性和演化方式。讨论地方政府行为模式的演化路径,就是要探讨地方政府在博弈过程中所面临的静态博弈均衡,并在静态博弈均衡的基础上,讨论在各个域之间存在怎样的互补性或依赖性,以及它们是怎样协同演化的。以上模型是揭示了博弈参与人在有限理性假设下的一般策略,以此为基础,下面要构建地方政府行为模式的演化博弈模型。

4.1.2　地方政府行为模式分析的演化博弈模型

4.1.2.1　博弈域的界定

在讨论地方政府行为模式的演化博弈模型之前,要对其他域进行相应的界定,以便于讨论各个域之间的共时关联和历时关联。可以将一个国家的制度界定为不同的博弈域,它们分别是:共有资源域、经济域、政治域、社会交换域。在研究这些域的具体概念之前,需要强调的是,研究中心是地方政府,所以要将地方政府作为选取域的标准。

(1) 共有资源域,在该域中的参与人集合是由那些使用共用资源的个人构成,共用资源是任何参与人都可获得的(或由他们联合生产提供的)资源。在研究中,主要从地方政府供给公共物品的角度对此域进行关注。

(2) 经济域,指参与人是拥有可以自由交换或处置物品的个人,他们的决策集在性质上是对称的,市场是经济域的一种制度安排。在研究中,主要从地方政府参与的市场行为和与当地经济体发生联系的角度关注此域。

(3) 政治域,包含一个独特的参与人——政府,它拥有与私人参与者不对称的决策集合,其他参与人则包括当地政治体和经济体。在研究中,主要关注中央政府的相应政策和地方政治体所拥有的影响力。

(4) 社会交换域是一个社会学概念,包括道德、社会符号、语言等,从当地政治体来讲,它强化了一种价值追求和变化,不是本书讨论的重点。

这里需要说明的是,事实上每一个域都面临着如上所述的其域中参与人的主观博弈模型。由于本书关注的重点是各个域的博弈结果和如何影响地方政府行为模式的演化,以及它们是怎样协同演化的,所以在此不可能对每一个域的博弈过程都加以分析,而是要将重点放在各域之间的共时性关联和历时性关联上。

4.1.2.2　地方政府行为模式演化中的共时性关联

共时性关联是指参与人在不同的域协调其策略,其结果产生的策略集是参与人单独在一个域中分别做决策所不能导致的。也就是说,共时性关联所研究的是各个域之间相互嵌入以后产生的与单独域进行博弈不同的均衡结果。

4.1.2.3　地方政府行为模式演化中的历时性关联

历时性关联是指制度历时(时间上的)关联,即人们因为有限理性,无法在不同域协调其策略决策,但决策在参数上受其他域固有或是流行的决策规则(制度)的影响,如果其他域中的决策参数发生变化,则影响人们在本域中的决策。历时性关联有助于对突变因素即刻点均衡的分析。

以上关于地方政府行为模式的一般博弈模型的讨论,既给出了政治域本身的博弈模型,又将其他域纳入演化博弈模型之中,从而得出了研究地方政府行为模式演化的一般博弈框架。

4.1.3 地方政府行为模式的演化博弈分析

将地方政府行为模式纳入演化博弈模型中来,意味着需要解决"如何在静态博弈的基础上提出地方政府行为模式可能的演化路径"这一问题。对于这一问题的研究,有利于认识影响地方政府行为模式的相关变量(博弈域),并能够解释在现实中存在的地方政府竞争、地方政府合作等行为,以及关于这两者在竞争内容及可能存在的演化等方面的深层次问题。

首先,在探讨地方政府的行为模式时,主要研究地方政府面临的三个博弈域,即政治域、经济域、共有资源域,对于每一域的内部都存在不同主体的博弈均衡解;在域与域的交集(即存在不同的博弈关系的域与其他域相连时)会出现怎样的均衡,对于这种情况,博弈的参与人不但面临自身所在域的博弈策略,还要考虑其他域的博弈参与人,这样动态地看待博弈均衡解,也就同时看到了博弈参与人可能的演化路径;域之间重合的区域表明在模型中尽量将外生化的变量内生化以探讨博弈均衡解,这种方法更利于客观地反映博弈参与人所遇到的策略集及其均衡解。在这里需要强调的一点是,与静态博弈不同,要将在三方博弈中所提到的博弈方——地方经济体和政治体分开。做这种划分的目的在于,在三方博弈中,可以明显看出地方经济体对地方政府行为博弈中异质性的形成至关重要,地方经济体初始的经济体系以及其在博弈中的影响程度会使得博弈均衡解偏离,从而形成不同的行为模式。相对而言,地方政治体的影响是较小的,也就是说,怎样使地方政府注重公民的需要,甚至是怎样激励公民的偏好,这是在政治域所要解决的问题。因此,相较于在静态博弈中将地方经济体和政治体合并的做法,在演化博弈模型中我们试图将其分开,来讨论不同的博弈域怎样在相互的影响下达到可能的均衡解。

其次,就演化博弈模型而言,重要的是讨论可能出现的演化路径,以及这种演化路径转化的可能性条件。对这种演化稳定战略(ESS)的理论研究对现实具有预测性[121]。ESS是关于进化生物学的研究,在本书中引入这种稳定战略,是为了避免静态博弈中相对静态分析缺乏对动态效应的分析,通过演化博弈的分析,可以从动态的角度了解博弈参与人改变其战略的动态过程。当然,这一过程也是博弈参与人相互博弈改变策略最后达到均衡的过程,均衡的产生源于地方政府自身选择的最优策略,其具有可自我实施性,并作为稳定战略被保留下来。在此将博弈域引入对地方政府行为模式的博弈分析中,将博弈的边界进一步划分,以了解地方政府行为模式,进而研究区域经济中的竞争模式和内容的转变,即从区域经济竞争到区域公共竞争这一变迁的可能性。在分析的过程中需要注意,地方政府是区域经济发展中的重要主体,在本书的体系构建中对这一问题给予了充分的关注,也就是从一个公共行政的视角来看待地方政府行为、地方政府的竞争模式、地方政府对地方博弈结构的影响,以及由于地方政府行为模式的转移而带来的区域经济竞争的改变等内容。

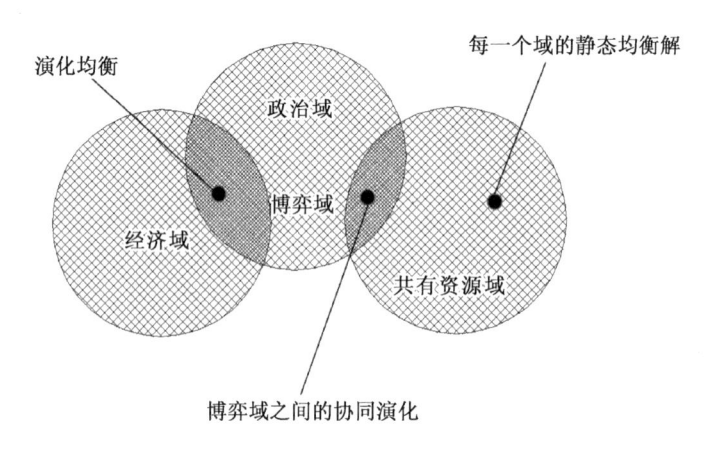

图 4-1 博弈域之间的协同演化

前文分析已经提出了博弈域的概念,对博弈域的划定主要是为了在研究地方政府的行为模式时能够更好地划定博弈的边界,有利于分析在域之间相互影响的变量和博弈的结果怎样在域之间进行转换并在最后实现地方政府行为模式的变化。地方政府行为模式变化有重要的研究意义,由地方政府行为模式变化带来的改变是多方面的,最重要的一个方面是对区域经济(地方政府间行为)的影响。域的探讨着眼点就是以地方政府为主的,在每一个域中,都存在以上所讨论的三方博弈参与人,对域的研究主要以跨域的均衡和演化为主。在这里需要强调的是,研究已将地方政治体和经济体进行了区分,并分开对两者进行探讨,把地方政治体和经济体区分正是本书构建博弈模型和分析地方政府行为的创新之处。域包括参与人的有限集合和每个参与人行动的技术可行集,这在前面的演化博弈模型中已有介绍,下面针对地方政府行为模式问题,结合各域的理论概念,将地方政府的相关概念引入做进一步的探讨。

4.1.3.1 政治域

在政治域中,博弈参与人包括中央政府、地方政府及地方政治体。博弈的内容主要集中在权力的划分,这种权力的划分是多层次的,既包括中央政府与地方政府的权力划分,又包括地方政府对地方政治体存在的权力,这种权力可以表述为地方政治体对地方政府的压力程度。对于中央政府与地方政府而言,权力的分配是多方面的,包括政治权力和经济自主权,经济自主权是这里要讨论的重点,内容包括财政权力、转移支付、税收分配,以及经济自治的权力;对于地方政府与当地政治体而言,重要的是相互的影响程度,即地方政府是否关注地方政治体所具有的权力,这些权力包括政治监督、偏好表达、民主机制等,只有具备了这些权力,地方政治体才能够对地方政府形成实质性的压力[122,123]。

4.1.3.2 经济域

在经济域中,博弈参与者包括中央政府、地方政府及地方经济体。博弈的内容主要以经济发展为主,此处经济发展的内涵既包括对经济的支持,也包括经济体系中的制度环境建设。对经济的直接参与和支持是非常直观的,通常表现为国家和地方的GDP状况;经济体系中的制度环境建设则较为隐性,既包括正式制度建设,也包括非正式制度的变迁,不易用定量指标进行衡量。制度环境建设通常包括提高市场化程度、提高人们对市场标准的遵守程度、降低交易成本,以及提高社会资本参与度等。制度环境建设中的非正式制度非常重要,当无法将人们的行为按照正式制度进行规范时,"潜规则"必然会发挥作用,也就是说,"潜规则"会变为人们承认的"正式制度"并执行,从而无法实施正式制度中用于节约交易成本的安排。这一问题现象在我国的实践中表现得非常明显。一项好的制度安排在某些地区能够发挥其作用,但一旦改变非正式制度的"土壤",就可能导致其作用失效。此时,经济域中的博弈参与方——地方经济体就变得十分重要,正是由于地方经济体的存在,能够使得中央和地方政府的经济域博弈解发生变化。

在经济域的博弈中,需要认真对待制度因素,因为地方政府行为的异质性形成与制度安排差异相关,异质性的产生正是政治域与经济域共同博弈下产生的结果,是政治域与经济域的交集。

4.1.3.3 共有资源域

共有资源域是学者在分析地方政府博弈时容易忽视的域,其在博弈的结果上呈现出政治域与经济域博弈的不同结果。博弈的参与者包括中央政府、地方政府及地方政治体(公民),共有资源域中的博弈内容与公共物品供给相关。根据学者提出的将公共物品供给和生产分离的多中心治理理论可以看出,公共物品的供给和生产是两个层次的问题,涉及不同的参与主体、不同的解决方式,从本书的角度出发,涉及不同博弈域中的博弈均衡。公共物品的供给是一个集体选择的结果,也就是说公共物品的供给涉及"提供什么"和"提供多少"的问题,针对这个问题,对公共物品的供给需要做出政治上的讨论,即代表这是一个政治决策过程。政治决策过程中涉及的问题是"公民需要什么""公民的偏好是什么""公民需要的量有多大"。从以上问题中可以看出,这个博弈形成于政治域和共有资源域之中。关于"怎样生产"这一问题(即是政府提供还是企业生产)则是需要在经济域中考虑的问题。此处共有资源域中的博弈均衡所探讨的公共物品主要是教育投入、社会福利、基础建设等方面。就我国地方政府而言,地方政治体的影响力极其有限,地方经济体无法独立解决公共物品供给的问题。相较于经济域中的经济行为,公共物品供给博弈并不是共有资源域或政治域能够单独决定的,需要令地方政治体与地方政府和中央政府在政治域中形成博弈关系。共有资源域的博弈注重公共物品供给的过程,也就是一个政治过程。在这个政治过程中会产生怎样的地方政府行为是要深入探讨的问题。

通过对以上博弈域的重新强调,并根据前述的演化博弈均衡,接下来要构建地方政府的三方静态博弈均衡,分析静态解下的纳什均衡解,并要针对中央政府、地方政府、地方经济体、地方政治体来对其中不同的均衡做出分析。分别将政治域与经济域组合,将政治域与共有资源域组合,用以分析地方政府行为模式的博弈均衡解及其特点。需要强调的是,每一个域都有均衡解,在将这些域联系在一起的时候,均衡解有可能发生变化。同时要探讨博弈域的共时性关联和历时性关联问题,运用共时性关联和历时性关联来研究地方政府行为模式,探索博弈双方在不同的博弈域中捆绑和重新捆绑的过程,即当存在其他博弈域时,是否能够引起博弈双方博弈结构的改变,也就是重新捆绑的发生。

4.2 "中国式分权"下锦标赛晋升机制

4.2.1 锦标赛的定义

锦标赛理论是由 Lazear 和 Rosen 共同提出来的。锦标赛本身是一种激励机制,并且是一种相对绩效评估机制。在这种机制下,决定最终胜负的不是传统模式下的绝对成绩,而是参赛人竞赛结果的相对位次,因此相较而言更易于实施。在这样的激励机制下,各参赛人被激励去取得比其他参赛者更好的名次。在一定的条件下,锦标赛可以获得最优的激励效果。锦标赛竞争有一个相近的概念,叫作"标尺竞争"(Yardstick Competition)。

本书中所定义的锦标赛晋升机制,是一种行政模式,是指上级政府为所有下级政府首长设计的一种竞赛机制,标准由上级政府事先确定,竞赛的胜出者将有较大的机会获得晋升。

4.2.2 我国地方官员锦标赛晋升机制

近年来,我国晋升锦标赛中最重要的变化是考评标准,地方官员任期内的经济指标取代了过去的政治斗争。自1984年以来,中央逐步、适当地下放了权力,地方政府获得了更多的干部管理权限,下级政府行政长官的行为会受到省级政府任命权的影响。

这种晋升体制对经济指标的偏向性令各地政府越来越重视经济指标。因此,当中央或者上级政府提出某个经济发展指标的目标时,下级政府会对其下属政府提出更高的要求,以达到超额完成目标的效果,各地连续升高的GDP增长率就是这个原因。

在我国的经济模式下,周黎安(2007)认为晋升锦标赛有促进经济增长的效果。但是,晋升锦标赛的适用条件有以下几条:第一,人事权力集中在上级政府;第二,成绩可分离、可比较;第三,考核成绩受到参赛者的影响;第四,参与人之间难以合谋。

相对于世界上其他国家,我国更加具备采用晋升锦标赛体制的条件:①我国中央或上级政府具有集中的人事权;②各个同级区域间非常相似,因而同级地方政府所需要完成的任务就很相似,因此它们的绩效比较容易进行比较;③地方官员对地方经济的发展具有很大的影响力;④地方政府官员之间难以合谋。

20世纪80年代初,我国对地方官员激励方式进行了重要改革,把原先以政治表现为主的官员升迁考核标准转变为以考核个人领导素质和经济绩效为主。我国经济独特的M型组织结构决定了将经济绩效与官员自身的升迁挂钩,对比苏联的U型组织结构,M型组织结构的优势是各地区相对独立,各自的成绩可分离并方便比较。在此意义上,我国地方官员类似于一个M型公司里的中层经理,但他们与公司部门经理的重要差别在于,前者处于全国统一的政治"市场",只有一个"雇主"即中央政府,一旦离开这个"市场"

就很难再寻找到其他政治机会。因此一旦进入这个"市场",地方官员便不得不以最大的努力寻求晋升。

Li和Zhou(2005)使用1979—1995年省级官员的面板数据,对省级地方官员的升迁与经济绩效之间的关系进行了实证研究,其研究结果有效地证明了中国地方官员晋升与GDP增长之间的显著而系统的关联,经济绩效对省级官员的晋升与否有正面的影响,而且平均绩效比当年绩效的影响更大。他们认为,正是这种具有激励效应的政治晋升体制推动了地方经济的快速增长。周黎安、李宏彬和陈烨(2005)将相关数据扩展到了1979—2002年,并进行了同样的研究,得到了类似的结论。

在中央或上级政府对于地方官员的考核体系中,最优先考虑的是经济发展。在中共中央组织部2009年7月的《地方党政领导班子和领导干部综合考核评价办法(试行)》文件中规定了地方党政领导干部实绩分析的考核指标,按照重要性从大到小排列依次是"经济发展""社会发展""可持续发展"。可以看出,虽然经过了一系列改革,但在官员考核体系中,"经济发展"的重要性依然不减。

4.2.3 锦标赛与政府官员的激励

我国由于地理面积较大,所以管理存在较大困难,晋升锦标赛的优势在于可以通过政治激励进而促进经济发展;对比其他指标,经济发展指标也有较为容易量化的优势,更易于考察。

但是晋升锦标赛也存在问题,比如行政竞争博弈可能会导致各地区重复建设。另外,政府应该注重提供良好的公共服务,但是晋升锦标赛可能会造成相反的局面。有研究显示,晋升锦标赛致使地方官员存在短视现象,只关心短期且可量化的经济绩效,忽视提供良好的公共服务,比如教育、环境治理、公共医疗等。

与此同时,Tirole认为,如何激励政府官员会成为各国行政治理的难题。他发现,政府职责是多维度的,不易于量化。同时,政府的目标需要考虑效率与公平,这些任务的矛盾性使得政府的角色更加难以把握[125]。

4.3 地方政府基础教育公共支出选择的策略互动博弈分析

根据以上理论分析,本节将基于博弈论模型,分析两个地方政府对于不同的基础教育公共支出财政政策的策略选择。博弈模型包含三个基本要素:参与者、策略和报酬。参与者为参与策略互动的决策者,他们可以在一组行为集体中做出合理的选择,地方政府是基础教育公共支出的决策者,可作为博弈模型中的参与者;策略为不同参与者在同一个博弈回合中的行为,在非合作的博弈模型中,不同参与者不能确定对手的行为选择,在本节的分析中,策略主要分为增加学前教育支出比例和不增加学前教育支出比例;报酬为参与者通过策略博弈获得的效用水平,为了标准量化,效用水平一般用货币来表示,在本节的分析中,基础教育公共支出结构选择的博弈最终效用为政府的绩效。

4.3.1 地方政府 A 和 B 经济发展水平接近且学前教育财政支出成本较高

地方政府 A 和地方政府 B 有类似的经济状况,双方增加学前教育支出,由于教育对地方经济的反馈周期长、难度大,特别是学前教育,会导致教育支出见效慢,成本较高。在地方政府的两方博弈模型中,如果双方都不增加教育支出,政府的绩效将都不会得到提高,收益为 0;如果一个地方政府增加支出,另一个地方政府不增加支出,那么增加支出的地方政府的教育资源及成果将会外流到其他地区,但增加学前教育财政支出规模较大,成本较高且完全由其承担,最终导致增加学前教育财政支出的总效用为 −5,而不增加支出的政府将免费"搭便车",以 0 成本获得 15 个单位的政府绩效效用;如果双方同时增加学前教育支出,各自承担了学前教育成本并享有自己的学前教育资源及成果,收获 10 个单位的政府绩效效用,最终达到一个较为理想的共赢状态。

表 4-2　博弈模型(1)

		地方政府 B	
		增加	不增加
地方政府 A	增加	10，10	－5，－15
	不增加	15，－5	0，0

根据以上假设,无论是地方政府 A 还是 B,不增加学前教育财政支出都是占优策略。因为在地方政府 A 选择增加学前教育财政支出的情况下,地方政府 B 必然采取不增加策略,以享有更低成本和更高收益,从而导致 A 政府亏损,反之亦然。在这种博弈双方都具有相似经济状况和较高教育成本的情况下,双方的纳什均衡是一种占优策略均衡,无论对手如何选择,地方政府都会减少学前教育财政支出的增加。然而由博弈矩阵分析可知,互动的最佳结果是同时增加学前教育财政支出,这样双方可以同时获得较高的报酬。较高的财政成本和资源及成果外溢造成无法达成双方共赢的目标,形成了学前教育财政支出的"囚徒困境"。

4.3.2　地方政府 A 和 B 经济发展水平接近且学前教育财政支出成本较低

这种情况与前一种不同的地方在于,地方政府增加财政学前教育支出的效益较高,教育成本低。可能是由于政府学前教育投入领域多为公办幼儿园教育,这类幼儿园原先已经具备了一定的教学规模,所以由学前教育支出带来的资源往往是在原有基础上进行更新,教育成果也可以及时向地方政府进行反馈。如果一个地方政府增加支出,另一个地方政府不增加支出,那么增加支出的地方政府的学前教育成果虽然在一定程度上也存在成果外溢,但与不增加支出相比,其收益还是会大于支出成本,实现一个正向收益,而不增加支出的政府同样将免费"搭便车",只是考虑到专利保护等因素,收益较前一种情况小,结果以 0 成本获得 12 个单位的效用。地方政府 A 和 B 同时增加学前教育支出或同时减少学前教育支出的效用和第一种情况完全相同。

表 4-3　博弈模型(2)

		地方政府 B	
		增加	不增加
地方政府 A	增加	10，10	5，12
	不增加	12，5	0，0

此时,地方政府 A 和地方政府 B 都不存在占优策略。如果地方政府 A 选择增加学前教育支出,那么地方政府 B 会选择不增加;如果地方政府 B 选择增加学前教育支出,那么地方政府 A 也会选择不增加。这里出现两个纳什均衡,即(增加,不增加)和(不增加,增加),那么地方政府在学前教育支出的过程中应该采取何种策略? 当地方政府做出增加与否的决定时,其出发点在于是否能够尽可能多地提高政府绩效,获取更大的效用。根据最大化期望收益的原理,可以按照以下思路分析:假设两个地方政府不增加学前教育支出的效用为零,同时增加学前教育支出的获得效用为 a。地方政府 A 增加学前教育支出而地方政府 B 不增加,则地方政府 A 获得效用为 u_1,地方政府 B 获得效用为 u_2,反之亦然。根据前面分析可知:

$$u_1 \in (0, a), u_2 \in (a, 15)$$

表 4-4　博弈模型(3)

		地方政府 B	
		增加	不增加
地方政府 A	增加	a, a	u_1, u_2
	不增加	u_2, u_1	0,0

由于存在两个纳什均衡,任何一个地方政府在做出是否增加学前教育财政支出的决定时,考虑的应该是对方增加学前教育财政支出的可能性。如果知道对方行动的概率分布,那么就可以采取合适策略来最大化期望效用。假设根据地方政府 A 的了解,预期地方政府 B 增加教育支出的概率为 p,不增加教育支出的概率为 $(1-p)$,则地方政府 A 增加投资的期望效用为 $E_u = ap + u_1(1-p)$,地方政府 A 不增加投资的期望效用为 $E_u = u_2 p$。若

两式相等,则可以得到 $p^* = \dfrac{u_1}{u_1 + u_2 - a}$。

如上所述,存在一个分割的概率水平 p^*,使得当 $p < p^*$ 时,地方政府A 将会选择增加学前教育财政支出;当 $p > p^*$ 时,地方政府 A 将会选择不增加学前教育财政支出。同样,地方政府 B 也会采取同样的方式决策。地方政府的经济发展状况相似,并且财政教育支出的成本较低收益较高,双方之间的博弈会出现两个纳什均衡,根据最大化期望效用的原则,地方政府之间的策略选择依赖于对其他地区政府不同行动的概率分布的判断,这看上去是一件难以实现的事情,但地方政府在长期的博弈过程中多少会形成对其他地区的判断,因为它不得不据此做出最优决策。

4.3.3 地方政府 A 和 B 经济发展水平存在明显差异

在前面两种情况下,地方政府 A 和 B 的经济发展水平相似,表示双方在竞争地位中属于分庭抗礼状态。但在实际情况中,每个地区都存在资源禀赋差异,同一地区也存在经济水平相差较大的两个地方政府,其教育师资、教学环境和其他教育资源也会因此不尽相同。一般的,经济发达地区的基础设施较好,学前教育对基础教育和高等教育更能发挥积极作用。这里假设地方政府 A 是富裕地区,地方政府 B 是落后地区。双方的学前教育财政支出将产生以下效用:如果两政府都不增加学前教育财政支出,效用为 0;如果两政府同时增加学前教育财政支出,但较富裕的 A 政府财力雄厚,教学条件等配套更加完善,增加支出可以获得 11 个单位效用,B 政府支出相同费用但不能达到 A 政府的教育资源和成果水平,效用水平低,为 7 个单位;如果 A 政府增加学前教育财政支出 B 政府不增加,A 地区成果外溢但同样可以获得 10 个单位效用,B 地区零成本提升自己的政府绩效,效用水平为 8 个单位;反过来,B 政府增加学前教育财政支出 A 政府不增加,由于 B 政府的教育环境相对落后,将要花费大量人力、物力才能实现更高的价值,因此成本大于收益,效用为 -1,A 政府免费"搭便车"将获得正效用,效用大小取决于B 政府教育成果对 A 政府的重要程度,如果地方政府 B 的教育成果对 A 不重要,那么 A 政府获得效用为 5 个单位,如果很重要,则为 12 个单位。

表 4-5　博弈模型(4)

地方政府 A		地方政府 B	
		增加	不增加
	增加	11，7	10，8
	不增加	12(5)，−1	0，0

在地方政府 B 增加支出地方政府 A 不增加的情况下会出现两种效用，此时，当 A 政府获得效用为 5 个单位时，地方政府 A 和 B 都存在占优策略，得到纳什均衡(增加，不增加)。当 A 政府获得效用为 12 个单位时，地方政府 A 没有占优策略，它的策略取决于地方政府 B，如果 B 政府选择增加支出，A 政府选择不增加；如果 B 政府选择不增加支出，A 政府选择增加。但地方政府 B 有一个占优策略——不管 A 政府如何选择，B 政府都会决定不增加学前教育财政支出，所以考虑到 B 政府的想法，政府 A 会选择增加科技支出，同样得到纳什均衡(增加，不增加)。两个发展水平相差较大的地区，财政教育支出博弈的结果往往是经济发展水平高的地区主动增加学前教育财政投入，获取教育质量的提高和更高的经济发展质量，周边落后地区则不愿过多投入学前教育，转而投向小学、中学或是高等教育。比如珠三角地区，广州和深圳 GDP 总量超过周边全部城市的总和，两者在学前教育方面投入了大量资金，自身发展的同时带动周边地区发展。

4.4　基于多任务委托代理理论的地方政府基础教育公共投入结构策略互动行为分析

4.4.1　多任务委托代理理论模型的一般分析

美国经济学家伯利和米恩斯发现，企业所有者直接参与企业经营的做法存在极大的弊端，因此他们认为要将所有权和经营权分离，这就是委托代理理论的逻辑起点。在委托代理理论之下，通过指定相应的激励机制，解决委托人与代理人之间的信息不对称问题,实现二者风险共担、利益共享。

随着经济的发展,社会分工越发细化、专业化,委托人可委托具有专业技能的代理人行使委托人的权利。委托代理的建立可以有效提高管理水平并实现资源分配,但是当委托人和代理人不同时,往往会引起委托人和代理人的利益冲突,代理人容易利用不对称的信息损害委托人的利益。

委托代理关系存在以下情形:①代理人具有私人信息,代理人的行为不具有直接观察性;②委托人和代理人之间存在信息不对称;③代理人作为理性经济人存在逆向选择和道德风险的动机。所以,要想解决委托人和代理人的利益冲突,则需要制定合理的制度安排。目前,委托代理理论已经实现了理论突破,吸收了交易成本理论、产权经济学、信息经济学以及合同理论等,以下从显性激励和隐性激励角度进行分析。

首先是显性激励。显性激励是指代理人预期在一定时限内可获得的实质性补偿。根据信息不对称特征,莫里斯、霍姆斯特姆、格罗斯曼和哈特等人指出:委托人与代理人可按照一定的契约,将剩余分配与代理人的经营绩效挂钩。这种激励方法一般运用于股份制企业,它基于企业外部的市场交易。此外,阿尔钦和德姆塞茨将激励扩展到企业内部的代理成本领域,阿尔钦和德姆塞茨认为,企业生产是团队合作,不易于量化每个成员的努力程度,可能会产生成员的机会主义行为。因此,增设监督者有利于防止成员的机会主义行为,监督者可以通过行使监督权换取剩余索取权。当经营者的剩余索取权与其经营业绩相关时,就可以解决经营者和所有者的冲突。

其次是隐性激励。隐性激励是相对于显性激励而言的,用非公开的隐形收入进行激励代理人的激励方式。自20世纪80年代以后,学者开始研究代理人的职业生涯考虑、声誉、公司控制权接管等隐性激励对激励代理人的作用。在竞争市场上,代理人以往的经营业绩决定了其在市场上的价值。所以,即使在没有显性激励的情况下,代理人会为了自己的声誉从而积极提高企业的经营业绩。如果代理人因外在因素影响了企业业绩,这不光会影响代理人自身的经营业绩,影响其晋升渠道,而且会影响未来其他企业雇佣他/她的机会。除此之外,证券市场中上市公司的控制权接管对经理人的激励作用也是十分大的。由承受经营风险的人投票决定管理者的权力,必然会造成经营业绩不好的经理因此失去对企业的控制权。总之,声誉、职业生涯收益以及企业控制权这些隐性机会激励经理人努力工作,提高企业的经营业绩。

4.4.2 中央与地方的多任务委托代理模型

早期委托代理理论的假设条件过于严格,不能够解释现实中公共部门的多任务激励问题。基于委托代理过程中目标的多样化和部分任务的不可度量性,霍姆斯特姆(Holmstrom)和米尔格罗姆(Milgrom)在1991年开创性地提出了多任务委托代理模型。以政府部门为例,中央政府作为委托人将任务下放给地方去完成,并且这种任务不仅包括发展经济还包含保护环境、维护社会公正等社会职能。

4.4.3 地方政府基础教育公共投入结构策略互动行为分析

接下来,我们以 Holmstrom 和 Milgrom[126]的多任务委托代理模型为基础,探讨地方政府基础教育公共支出的选择逻辑。假设在"中国式分权"的制度背景下,地方政府接受上级政府委托完成包含学前教育和义务教育两个层次的基础教育公共服务供给任务。

假定有两个地区,i 地区的地方政府为本地区居民提供 j 层次基础教育公共服务 g_{ij},$i,j \in (1,2)$,分别代表义务教育和学前教育公共服务供给,地方政府所付出的努力程度是 e_{ij},相应的努力成本是 $C(e_{ij})$。假定教育产出与努力程度存在线性关系 $p_1 = e_1 + \varepsilon_1$ 和 $p_2 = e_2 + \varepsilon_2$,其中 σ_1^2 和 σ_2^2 表示除努力程度之外所有影响产出的随机变量,均服从标准正态分布,方差为 σ_1^2 和 σ_2^2,$\varepsilon_1 \sim N(0, \sigma_1^2)$,$\varepsilon_2 \sim N(0, \sigma_2^2)$,且 ε_1 和 ε_2 相互独立。地方的收益或中央给地方的转移支付是 $I(p_{ij})$,$I(p_{ij}) = \alpha_1 + \beta_{ij} p_{ij}$,其中 β_{i1} 和 β_{i2} 是 i 地区地方政府对 g_{i1} 和 g_{i2} 分配的努力权重,α_1 是常数。另外,代理人在其他层次教育上的保留效用是 $\bar{I}$。

据此可得,中央政府的效用为 $E(p - I(p)) = e_1 + e_2 - \alpha - \beta_1 e_1 -$

$\beta_2 e_2$。假定地方政府具有不变的绝对风险规避程度 δ，则地方政府的等价确定性效用(certainty equivalent)是 $CE = \alpha + \beta_1 e_1 + \beta_2 e_2 - \frac{1}{2}\delta\beta_1^2\sigma_1^2 - \frac{1}{2}\delta\beta_2^2\sigma_2^2 - \frac{1}{2}\beta_1 e_1^2 - \frac{1}{2}\beta_2 e_2^2$，令地方教育部门的等价确定性效用的一阶导数为零，可得 $\beta_1 = \frac{\partial C}{\partial e_1}, \beta_2 = \frac{\partial C}{\partial e_2}$。在参与约束(IR)和激励相容约束(IC)条件下求中央政府最大化效用为(张维迎,2006)

$$\text{Max} \quad e_1 + e_2 - \alpha - \beta_1 e_1 - \beta_2 e_2$$

$$\text{s.t.} \begin{cases} (\text{IR}) & \alpha + \beta_1 e_1 + \beta_2 e_2 - \frac{1}{2}\delta\beta_1^2\sigma_1^2 - \frac{1}{2}\delta\beta_2^2\sigma_2^2 - C(e_1, e_2) \geqslant \overline{I} \\ (\text{IC}) & \beta_1 = \frac{\partial C}{\partial e_1}, \beta_2 = \frac{\partial C}{\partial e_2} \end{cases}$$

针对上式分别对 e_1 和 e_2 求导数，并令 $C_{11} = \frac{\partial^2 C}{\partial e_1^2}$, $C_{12} = \frac{\partial^2 C}{\partial e_1 e_2}$, $C_{22} = \frac{\partial^2 C}{\partial e_2^2}$，可得

$$\beta_1 = \frac{\frac{1}{\delta\sigma_2^2 C_{22}} + 1 - \frac{C_{12}}{C_{22}}}{\frac{1}{\delta\sigma_2^2 C_{22}} + \frac{\sigma_1^2 C_{11}}{\sigma_2^2 C_{22}} + 1 + \delta\sigma_1^2\left(C_{11} - \frac{C_{12}^2}{C_{22}}\right)}$$

由此可以得出：地方政府在基础教育(g_1)与学前教育(g_2)方面的努力程度取决于任务分配过程中可观测的变量(σ_1^2, σ_2^2)以及两个任务之间的关系。其中，$C_{12} > 0$ 说明两项任务是冲突的，$C_{12} = 0$ 表示两项任务相互独立，$C_{12} < 0$ 则表示任务是互补的关系。

具体而言，当 $C_{12} > 0$ 时，地方政府间的策略互动行为存在"搭便车"现象，即策略替代行为。当相邻省份地方政府财政支出增加时，本地政府财政支出会减少。对此可能的解释是，教育产品和服务是准公共物品，具有非排他性，即某地不能够排除相邻或其他省份居民对本省份公共教育产品的消费[127,128]。出于对地方 GDP 的追逐，地方政府财政存在预算软约束，更加偏

向于投资生产性物品,减少与教育类等非生产性公共产品相关的支出项目,因此,地方政府之间会出现"搭便车"的行为。当 C_{12} 等于 0 时,地方政府间没有策略互动行为。这表明本地政府财政支出与相邻省份财政支出无关,彼此之间相互独立。对此可能的解释是,地方政府追求本地居民效用最大化,财政支出由本地经济、社会以及历史等因素决定,与相邻省份政府行为无关。当 $C_{12} < 0$ 时,地方政府间策略互动行为是相互竞争的,即策略互补行为。当相邻省份财政支出增加时,本地政府财政支出也会增加。对此可能的解释是,通过地方政府间竞争来发展基础教育产业,从而拉动地方 GDP。中国特色的政府治理模式是政治上集权和经济上分权,针对地方官员的"以 GDP 增长为核心"的晋升锦标赛激励模式导致了地方政府间竞争[129]。随着我国经济进入新常态,我国经济增速放缓已是不争的事实。粗放型发展的传统产业不再能带动中国经济的高速增长,经济发展需要找到新的增长点,基础教育则是一个突破点。为发展基础教育而促进 GDP 增长,地方政府间的策略互动行为是相互竞争模式。

相比于义务教育需要完成"普及九年制义务教育"这一刚性任务,学前教育财政投入未被明确纳入地方政府政绩考核目标,具有不可观测性,即 $\sigma_2^2 = \infty$,并且当地方政府财政约束越来越紧时,学前教育与基础教育的财政资金投入此消彼长,目标相冲突,即 $C_{12} > 0$。$\beta_1 = \dfrac{1 - \dfrac{C_{12}}{C_{22}}}{1 + \delta \sigma_1^2 \left(C_{11} - \dfrac{C_{12}^2}{C_{22}} \right)}$,当基础教育($g_1$)与学前教育($g_2$)的财政投入发生矛盾时,$|C_{12}|$ 越大,β_1 也越大。这意味着地方政府具有为完成义务教育投入的刚性任务而挤压学前教育的投入的动机,进而使得地方政府对于基础教育公共支出结构的选择有所偏差。

第5章 我国基础教育公共投入结构选择策略互动行为实证检验

5.1 计量模型的设定

空间计量经济学(Anselin,2006)属于计量经济学的一部分,该理论认为,一个地区空间单元上的某种经济地理现象或某一属性值与邻近空间单元上的同一现象或者属性值是相关的。空间统计以具有地理空间信息特性的事物和现象的空间相互作用及变化规律为研究对象,将统计学和现代图形计算技术结合起来,用直观的方法展现空间数据中隐含的空间分布、空间模式以及空间相互作用等特征。由于经济要素在地理空间上通常都存在着明显的空间集聚效应,并不都满足传统实证模型中的样本随机分布假设,因此,在研究地方政府之间进行财政政策决策时的策略互动行为时,使用这种空间计量的方式可以实现本书的研究目标,提升研究分析的严谨性和准确性[130]。

空间计量模型可分为空间横截面模型和空间面板数据模型,前者是Anselin在充分整合前期研究成果基础之上不断改进与优化的结果。他首先设定包含因变量的空间滞后、自变量的空间滞后、误差的空间滞后的广义嵌套空间模型(GNS模型),之后不断在此基础之上增加限制条件,逐渐演变成考虑自变量空间滞后项与误差空间滞后项的广义空间自回归(Spatial Autocorrelation,简称SAC)、考虑因变量空间滞后项的空间滞后模型(Spatial Lag Model,简称SLM)、考虑误差空间滞后项的空间误差模型(Spatial Errors Model,简称SEM)、考虑因变量空间滞后项与自变量空间滞后项的空间杜宾模型(Spatial Durbin Model,简称SDM),以及考虑自变量空间滞后项与误差空间滞后项的空间杜宾误差模型(Spatial Durbin Errors Model,简称 SDEM)。目前在空间计量研究中学者们最常用的主要有以下四种模型:空间滞后模型(SLM)、空间误差模型(SEM)、广义空间模型(SAC)和空间杜宾模型(SDM)。

1. 空间滞后模型(SLM)

$$y = \rho Wy + X\beta + \varepsilon, \quad \varepsilon \sim N(0, \sigma^2 I_n)$$

作为研究空间相关关系的基本模型,空间滞后模型(SLM)的特点在于它结合了空间权重矩阵 W,引入被解释变量 y 的空间滞后项 Wy。该模型的目的是通过对地理位置相邻的变量在空间位置上关系的变化进行分析,同时基于空间扩散效应与空间溢出效应,以解释在这些效应下被解释变量的空间依赖现象,系数 β 便体现了解释变量影响被解释变量的效应。

2. 空间误差模型(SEM)

$$y = X\beta + \xi$$
$$\xi = \lambda W\xi + \varepsilon, \quad \varepsilon \sim N(0, \sigma^2 I_n)$$

与空间滞后模型(SLM)不同,空间误差模型(SEM)的着眼点在于误差项,而不是空间滞后模型(SLM)所重视的被解释变量。因此,该模型引入空间误差项 ξ 的空间自回归形式 $\xi = \lambda W\xi + \varepsilon$,剔除了那些可能由于测量误差造成的影响模型稳健性的问题,其中 ε 表示了空间误差项 ξ 的随机扰动项。

3. 广义空间模型(SAC)

$$y = \rho W_1 y + X\beta + \mu$$
$$\mu = \lambda W_2 \mu + \varepsilon, \quad \varepsilon \sim N(0, \sigma^2 I_n)$$

SLM 模型分析了被解释变量 y 可能存在的空间相关性,SEM 模型则分析了空间误差项 ξ 可能存在的空间相关性。但是,空间滞后相关和空间误差相关有时可能是同时存在的,因此如果仅仅考虑其中的一者,很可能会导致系数估计值存在较大的偏差,SAC 模型则能很好地兼顾以上两者的优点,即当研究对象的误差结构中存在明显的空间依赖时,SAC 模型是针对此类错误依赖关系最合适的模型化方法。从上述模型中可以看出,该模型不可避免地出现了W_1、W_2两个空间权重矩阵,它们分别表示对应变量或空间误差项的权重矩阵。该模型的一个缺点在于,如果不具备充足的理论依据,W_1与W_2不能简单地相互替代,那么在不同的权重矩阵下对模型系数的估计可能不具备显著性,从而导致该模型只能简单地反映被解释变量之间的地理关系,但忽视了其他可能存在的效应或空间关系。

虽然广义空间模型(SAC)兼顾了上述两个模型的优点,但是它仍然没有涉及解释变量滞后项的情况。通过已有研究可知,空间相关性同样可能存在于解释变量集中,并且在策略互动关系的分析之中,这一影响越来越被重视和强调。考察解释变量滞后项对互动关系的影响,一种常见的思路就是借助空间杜宾模型来进行实证分析。

4. 空间杜宾模型(SDM)

$$y = \rho W y + \beta_1 W X + X \beta_2 + \mu$$

空间杜宾模型包含了被解释变量的空间滞后项和解释变量的空间滞后项,可以更加全面地反映模型的表达内容。其中,ρ值为模型的核心观测值,其正负性可以直接反映策略互动主体与其他参与者之间的行为是互补性策略还是替代性策略,如果ρ值为正,则表明主体与其他参与者之间是替代性策略,如果ρ值为负,则表明主体与其他参与者之间是互补性策略;其显著性可以直接反应策略互动的关系是否明显。此外,β_1表示解释变量空间滞后项的回归系数,β_2表示解释变量自身的回归系数,β_1与β_2的显著性与正负性同样可以反映策略互动的参与因素在此模型中是否具有真实的影响因素。同时,在空间杜宾模型中估计的参数往往也是无偏差的(Lesage, 2009),一些研究认为模型中误差项的空间自相关与出于某些原因而遗失的解释变量相关,所以当空间杜宾模型引入空间滞后解释变量时,极大程度地抑制了控误差项的自相关,从而简化或回避了误差项空间自相关的问题。

综上所述,所有适配于SLM模型和SEM模型的空间观测值,都可以借由空间杜宾模型得到无偏的参数估计。因此,结合以上各空间计量模型的特点以及本书的研究主题,本书实证将选用空间杜宾模型对我国基础教育公共投入结构选择中的策略互动行为进行分析,从地理和经济两个空间层面定义权重矩阵。并运用 2002—2017 年中国大陆 25 个省份（除西藏、新疆、宁夏、青海、广西、海南之外）的面板数据,参考(Baicker,2005)[131]的模型并结合本书的研究重点,选择空间杜宾模型建立如下实证模型,以此刻画中国省级地方政府基础教育公共投入结构的相互影响。

即本书的实证模型为：

$$DISTedu_{it} = \rho W_i' DISTedu_t + W_i' X_{it}' \beta_1 + X_{it}' \beta_2 + u_i + \gamma_t + \varepsilon_{it}$$

被解释变量 $DISTedu_{it}$ 为 i 省份第 t 年的基础教育公共投入偏向（$i=1$,$2,\cdots,n$; $t=1,2,\cdots,T$）,具体用各省份学前教育财政投入与小学教育财政投入的比值来反映,比值越小,表示结构偏向状况越严重,即学前教育财政投入受到义务教育投入的挤压越大(柏檀等,2015)[132,133]。本书重点考察地方政府基础教育公共投入结构的相关性和差异,即在不同的相邻关系定义下,各省份基础教育公共投入结构对于其他省份基础教育公共投入结构的敏感程度和差异。

W 为不同定义的相邻关系的空间权重矩阵,本书主要选择了地理相邻矩阵和经济相邻矩阵,在下一部分中会详细分析; $W_i' DISTedu_t$ 是加权的相邻省份基础教育公共投入偏向指标,也是本书关注的核心变量,该比值越小,则表明地方政府对学前教育的投入比例越低,即表明学前教育财政投入水平会受到义务教育财政投入的反向影响。

ρ 为空间滞后变量,也是本书的核心系数,反映了地方政府基础教育公共投入结构政策选择的相互影响, ρ 值的正负性也直接反映了不同地方政府之间在选择学前教育财政投入的政策时采用的是替代性策略还是互补性策略, ρ 值的大小也能反映出策略互动的程度。如果 ρ 值显著不为 0,则意味着地方政府间的基础教育公共投入结构选择存在策略互动行为; $\rho > 0$ 则表明地方政府间的学前教育财政投入政策采取的是互补性策略,在选择基础教育公共投入结构时会进行策略模仿,从而体现为地方政府互相攀比或标尺竞争。目前,财政性教育经费投入占 GDP 比重已经进入"后 4%"时代,自 2011 年起就一直维持在一个比较稳定的水平,虽然近几年 GDP 总量呈现上升趋势,但上升幅度有限,因此其中占比约 4% 的教育资源总量增长空间也比较狭小。地方政府在规定的事权范围内可以根据当地需要安排财政投入,因此地方政府围绕教育财政投入的标尺竞争可以理解为政府通过优化教育投入结构来提升政绩,即提升学前教育在财政性教育总投入中的占比,而不是寻求财政性教育经费总量的增长。在这个过程中,政府对学前教育的财政投入明显增长,提升了教育资源配置的合理程度,在一定程度上缓解了"入园难,入园贵"等一系列问题。造成此种标尺竞争的原因可以从以下两个方面进行分析:一方面,中央在各项财政投入上设定了硬性指标,并将此作为考核地方政府官员的重要依据,学前教育的财政投入也不例外。迫于政治晋升的压力,地方政府官员会努力完成中央下放的任务并希望该项指标在地方间的评比中获得突出表现,围绕学前教育的财政投入展开竞争。另一方面,政府增加学前教育财政投入将导致家庭所承担的学前教育投入下降,因此增加学前教育财政投入的地区将吸引更多重视学前教育的家庭流入该地区,从而为该地区提供更多的人力资本,也间接提升了该地区的劳动力质量,这将有利于该地区各项产业的发展。因此,加大学前教育的财政投入成为了地方政府吸引优质人才流入的途径,并与其他地区展开了竞争。$\rho<0$则表明地方政府间的学前教育财政投入政策采取的是替代性策略,即存在受益外溢效应。虽然通过增加学前教育投入将为该地区吸引更多高层次人才,间接提升本地经济发展水平,但是根据要素流动性理论,企业资本可能为了更高的工资和投资报酬向其他地区转移,这一过程将导致原有的高质量要素外流,即学前教育的周期较短,完成学前教育后居民很可能流向有更优质小学或是高等教育的地区,或者转向有更优质的生活环境的地区,从而导致其他地区分享了本地区增加学前教育财政投入的成果,邻区政府可以借力溢出成果实现自身发展。要想实现基础教育公共投入产出的最优水平,就要使其边际成本和边际收益相平衡。然而对于政府而言,学前教育事业是一个投入回报周期非常长的项目,其边际收益往往没有边际成本高,因而会产生学前教育投入不足的现象,导致学前教育资源不足以支撑市场需求的现状。由于学前教育公共投入是存在正外部性的,一个地区在投入后产生的效果会外溢到其他地区,这就会引发其他地区的"搭便车"现象,所

以在地方政府之间会形成谁都没有意愿投入更多学前教育经费的现象,地方政府之间会产生学前教育经费投入的非正相关性。

X_{it} 为一组影响基础教育公共投入结构偏向的因素。由于无法先验地判断学前教育国家财政性经费投入的变化是受政策影响还是源于时间趋势。为了剔除与时间有关的因素,本书控制了个体效应和时间效应,其中,u_i 表示不随时间变化的个体效应,γ_t 表示不随个体变化的时间效应,ε_{it} 则为误差项。

5.2 空间权重矩阵的构造

空间计量的一个核心是空间相关矩阵的设定,它反映两个地区之间的相互影响关系以及相互地位,而对不同地区之间的位置需要进行量化处理,这种量化处理的依据则是不同地区之间的距离,且需要满足非负性和有限性的原理。本书采取先验设定的方法,并根据研究目的,选取地理相邻和经济距离相邻两类空间权重矩阵。

第一类是地理相邻空间权重矩阵(W_1),该矩阵基于邻近距离形式,政府间财政竞争中存在着的标尺竞争,就是指某个地方政府在选择公共投入的财政政策时会注重周边相邻地区的财政政策[134]。在权重设定时主要根据两个省份是否拥有共同边界来定义其是否为地理相邻,并据此构造空间权重矩阵。如果 i 省份与 j 省份相邻,则空间权重 W_{ij} 取值为 1,否则取值为 0,这样就构造了一个地理相邻的空间权重对称矩阵 W_1,其特点是平等对待所有相邻的地区,或者说所有相邻地区在空间因素组成中的权重是一样的。

第二类是经济距离空间权重矩阵(W_2)。在考虑经济因素时主要是根据经济社会发展水平的度量指标来计算各个地区变量之间的距离,再通过标准化的处理确定空间权重矩阵。在我国当前垂直的政治治理模式下,中央政府和地方政府官员间存在信息不对称,中央政府需要依靠相对业绩比较对地方官员进行考核,这种现象被称为"自上而下的标尺竞争"(张晏,2005)[135]。在此背景下,具有相似性或可比性的地区之间可能出现地方政府策略模仿行为。最直观的便是以经济社会特征来衡量两个地区相似或可比。本书将人均财政投入（$PPUBEXP$）看作度量省份间相邻关系的一个维度,认为人均财政投入水平相似的省份可能具有相似的经济发展水平和相似的居民生活状况,因此基础教育投入结构相关性更强,即如果省份 i 与 j 的人均财政投入水平相近,那么 i 与 j 的基础教育投入结构主要受对方基础教育投入结构的影响,与其他省份基础教育投入结构的关系相对较弱。人均财政投入相邻权数矩阵中的元素 W_{ij} 的构造如下:

$$W_{ij}=(1/|PPUBEXP_i-PPUBEXP_j|)/S_i$$

其中,$S_i=\sum_j(1/|PPUBEXP_i-PPUBEXP_j|)$。

5.3　数据来源、主要变量说明

本书使用 2002—2017 年 25 个省份共 400 个观测值的平衡面板数据。所用各变量的基础数据来源于《中国统计年鉴》《中国财政年鉴》《中国教育统计年鉴》《中国教育经费统计年鉴》,以及中经网数据库。根据本书研究重点并借鉴现有文献(柏檀等,2015；乔宝云等,2005)[136],选取教育财政分权、经济发展水平、政府偏好、居民偏好这四个方面特征来考察地区特征对地方政府基础教育供给投入结构选择的影响(表 5-1)[137]。

教育财政分权。在"自上而下的标尺竞争"机制和财政责任的承担下,地方教育部门往往把有限的财力优先投入义务教育等刚性任务中并挤压学前教育投入。以"地区预算内人均本级教育财政投入/(中央预算内人均本级教育财政投入 + 地区预算内人均本级教育财政投入)"($FDedu$)来反映一个地区教育领域内的分权状况,取值越小,表示低层级政府承担的教育财政责任越大,即教育财政分权程度越深。一些研究结果认为,在目前"财权上移,事权下移"现象较为普遍的情况下,越低层级的政府其财政能力越弱,因此当一项公共服务由越低层级政府来承担时,就越有可能表现为供给不足。因此在本书的模型中,预估此变量的系数为负,说明财政分权程度越高,学前教育投入相对于小学教育来说就越少,即基础教育投入偏向越严重。

经济发展水平。以各省份人均 GDP($LnPGDP$)来反映地区经济发展水平。根据"瓦格纳定律"所认为的经济发展与政府财政投入扩张关系,经济发展水平越高,政府公共投入的范围和水平越强,则学前教育财政投入相对越多,基础教育公共投入结构偏向程度越低[138]。然而随着经济发展水平的不断提高,地方政府的财政投入水平也在不断提高,根据财政分权理论,政府在选择公共产品和服务的投入时会考虑到政府自身的偏好和居民的偏好,因此,本书还将选用政府偏好和居民偏好的控制变量[139]。

政府偏好。以产业结构和所有制结构两个变量衡量地方政府提供公共服务的偏好。产业结构方面,地方政府选择公共投入结构时往往侧重考量本地区主导产业的发展,如在第三产业占比高的地区,政府可能会优先保障基础教育、医疗等社会性公共投入,故选择第三产业占比(Thi)来衡量产业结构;所有制结构(SOE)则选用"国有经济固定资产投资/全社会固定资产投资总额"来度量,根据研究发现,国有经济占比越高,地方政府对包括学前教育在内的"公办"教育的投入偏好也越强,例如经济发展同样处于高水平发展的长三角和珠三角地区,两者的国有经济占比有显著偏差,国有经济占比较高的长三角地区的公办园比例也远高于珠三角。

居民偏好。随着市场化进程的深入和户籍制度的松动,当地居民偏好可能会影响地方政府公共投入结构的选择,本书用人口结构特征指标反映当地居民偏好,具体指标包括少儿抚养比($ChiDep$)、城市化水平($Urban$)、平均受教育年限($PEYear$)。其中,少儿抚养比的差异在某种程度上体现了地区富裕程度的差异。在少儿的整个教育阶段中,学前教育的投资最早,其回报周期也最长,因而带来的收益可能更容易被忽视,在低收入家庭中,会存在生育率更高而人力资本投资更少的现象,在本研究中,通过"0~14岁人口数量/15~64岁人口数量"来衡量少儿抚养比($ChiDep$)。中国社会经济体系的一大显著特点是城乡分割,存在着农业人口与非农业人口的区别。城乡分割的二元结构使得经济、文化和社会发展方面都形成了明显的城乡差异,这种差异在公共服务的需求与供给方面表现得尤为明显。以非农业人口为主的地区,政府的公共投入能力强,居民对于教育的公共投入需求高,加上我国一直采取具有城市倾向的福利政策,城市化水平的提高对教育供给会产生规模效应。因此,本书用"非农业人口/总人口"来衡量城市化水平($Urban$)。有研究认为,居民的受教育程度与其对公共产品的需求也有显著关系(R. Fernandez,1998),受教育程度越高,越能追求涉及长远利益的公共产品,学前教育作为投入较早、回报周期较长的公共产品便符合这一特点,因此本书选择地区内居民的平均教育年限($PEYear$)作为居民偏好的指标之一。

表 5-1 描述性统计分析

变量	均值	标准差	最小值	最大值	观测值
基础教育公共投入偏向($DISTedu$)	0.077 1	0.078 7	0.008 3	0.507 5	400
教育财政分权程度($FDedu$)	0.923 4	0.085 7	0.530 7	1.000 0	400
经济发展水平($PGDP$)(元)	27 415	19 877	2 303	100 105	400
产业结构(Thi)	0.419 2	0.091 6	0.286 0	0.805 6	400
所有制结构(SOE)	0.316 9	0.120 2	0.101 0	0.657 6	400
少儿抚养比($ChiDep$)	0.229 9	0.446 5	0.083 0	0.446 5	400
城市化水平($Urban$)	0.520 4	0.994 0	0.198 0	0.994 0	400
平均受教育年限($PEYear$)	8.654 1	12.765 4	6.040 5	12.765 4	400

5.4 实证结果分析

5.4.1 普通面板回归结果

为了有效地估计策略性反应方程,还必须注意两个问题:其一是计量模型存在联立方程偏差(simultaneity bias)问题。直观来看,在教育财政硬约束下,为了地区教育政绩对一些刚性任务,比如义务教育"普九"等展开标尺竞争,这将造成地方政府之间的公共教育投入决策可能不是互相独立的,而是会考虑相邻地区的反应,使得包括基础教育公共投入结构在内的教育公共服务政策可能存在相互依赖、相互决定的空间依赖性,空间滞后项 $W'_i DISTedu_t$ 的内生性导致回归偏差。其二是由于地方政府教育财政投入会受到一些同样的影响,如宏观经济形势变化、整个国家财政政策调整,这会导致计量模型中影响因素的空间自相关性趋于相同,即 $\varepsilon_{it} = \lambda W'_i \varepsilon t + v_{it}$,其中 λ 为空间自相关系数,v_{it} 为独立同分布的误差项。倘若忽略这种空间相关性,对计量模型进行传统的最小二乘法(OLS)估计,将会导致回归结果存在偏差,从而使研究结果缺乏应有的解释力。

在进行空间计量分析之前,为了探讨教育财政分权、经济发展水平对地方政府基础教育公共投入决策的影响程度,本书首先对不包含空间滞后项的回归方程进行了OLS估计。学前教育在我国教育经费配置比例中一直处于较低水平,经费缺乏情况严重,然而2010年国家实施了"学前教育提升三年行动计划",使得自2010年起学前教育经费的公共财政投入水平得到较大提升,2011年国务院宣布全面完成了义务教育的普及后,地方政府义务教育阶段的教育财政责任得到了缓解,因此在OLS估计中,本书进行了分组回归,其中(1)为2002—2017年的整体回归,(2)为2002—2010年的分组回归,(3)为2011—2017年的分组回归,估计结果如表5-2所示。

表5-2 不包含空间滞后项的回归方程OLS估计结果

解释变量	被解释变量:基础教育公共投入偏向($DISTedu$)		
	(1)	(2)	(3)
$FDedu$	0.154**	-0.045	0.114
	(0.062)	(-1.23)	(0.99)
$LnPGDP$	0.029***	0.012***	0.128***
	(0.006)	(3.11)	(6.61)
Thi	0.215***	0.073***	0.108**
	(0.033)	(2.74)	(2.15)

续表

解释变量	被解释变量:基础教育公共投入偏向(DISTedu)		
SOE	0.112***	0.058***	0.042
	(0.027)	(3.32)	(1.10)
ChiDep	0.259***	0.009	0.028
	(0.043)	(0.34)	(0.23)
Urban	−0.025	−0.016	−0.313***
	(0.023)	(−1.31)	(−3.00)
PEYear	0.042***	0.006*	0.028***
	(0.005)	(1.86)	(3.35)
_Cons	−0.898***	−0.129**	−1.509***
	(0.074)	(−2.30)	(−10.19)
N	400	225	175
R^2	0.7422	0.332	0.398

注:***,**,*分别表示检验在1%、5%、10%水平下显著。

结果显示,在不包含空间滞后项的回归模型中,从整体上来看,教育财政分权程度($FDedu$)的回归系数为正数,表明教育财政分权程度越高,其基础教育公共投入的偏向问题越小。但是2010年之前的回归系数则表明,教育财政分权程度和基础教育公共投入偏向问题呈反向关系,尽管结果并不显著,但在一定程度上可以表明2010年之前地方政府很可能为了达到中央政府义务教育的目标任务而加大义务教育阶段的财政投入,从而忽视了学前教育的公共财政投入,也就是说可能是地方政府自身对学前教育投入意愿较小。而在2011年我国宣布所有省市已通过"普九"任务的验收后,地方政府逐渐加大了对学前教育的公共财政投入。

经济发展水平、政府偏好和居民偏好在2010年前后基本没有太多变化,经济发展水平的回归系数始终为正,表明了地区经济发展水平越高,地方政府对学前教育阶段的投入越大;随着地方政府的产业结构向第三产业倾斜,对人力资源也有了更高的要求,因而会加大教育类的社会性投入,在完成全面普及义务教育任务之后,教育投入也向学前教育倾斜;同样,国有经济占比较高的地区也更有意愿在学前教育阶段进行政府投入,根据数据显示,该类地区的公办园占比较高;居民偏好方面,少儿抚养占比和受教育水平越高的地区,也更有意愿加大对学前教育的投入。一方面,少儿占比较高表明学前教育的适龄儿童占比较高,居民需要相关公共产品的投入来满足教育的需求;另一方面,有较高受教育水平的居民也会更加注重学前教育。目前看来,我国学前教育的水平仍有较大的发展空间,所以也更有意愿加大对学前教育的投入。

5.4.2　空间自相关性检验

在不同空间矩阵模型中的指标与空间的相关性是有差别的,因此在计量模型回归之前,还要检验相关变量的空间自相关性。空间相关性检验也叫作聚类检验,是通过一定的指标计算相关变量的空间分布情况,研究认为,越相邻的地区,其之间的空间自相关性越强。空间自相关性检验也分为两大类,一类为全局空间自相关检验,主要是在全局空间内检验某个变量的空间分布情况;另一类为局部空间自相关检验,主要检验某个指标在局部范围之内的空间分布情况。

空间自相关性检验的主要方法包括 Moran's I 检验、Geary's c 检验、Moran 散点图等形式,前两种主要检验全局空间相关性,后一种主要检验局部空间相关性。其中,Moran's I 值的取值范围在 $-1 \sim 1$ 之间,接近于 0 表示变量的空间分布特征接近于随机分布,不存在空间自相关性,大于 0 则表示变量具有正空间自相关性,小于 0 表示具有负相关性,Moran's I 值的计算公式如下:

$$I = \frac{\sum_{i=1}^{n}\sum_{j=1}^{n} W_{ij}(X_i - \overline{X})(X_j - \overline{X})}{S^2 \sum_{i=1}^{n}\sum_{j=1}^{n} W_{ij}}, \quad S^2 = \frac{\sum_{i=1}^{n}(X_i - \overline{X})}{n}$$

其中,W_{ij} 为设定的空间矩阵,i 与 j 表示不同的地区,n 为矩阵范围内的所有地区数量,S^2 表示矩阵内的样本方差。所测算的 I 值可以看作测定的变量与空间滞后项的相关系数,其准确程度也与空间矩阵的建立有关,不同的矩阵可以反映出不同的策略互动机制。本书将通过上一部分建立的两个空间矩阵进行全局空间自相关性检验和局部空间自相关性检验。

在此基础上,本书分别进行了空间相关性检验,结果如表5-3所示。检验结果显示,在地理距离相邻的矩阵中,2002—2017年的地方政府学前教育公共投入结构的Moran's I指数始终为正,波动增大,这意味着其空间自相关性在逐渐增强,且趋势较为明显。这在一定程度上说明了地理相邻的地方政府在学前教育投入方面的决策确实存在集聚现象。一般而言,地理相邻地区的经济发展水平和居民生活偏好较为接近,因此无论是从政府自身的绩效考核角度而言还是居民自身意愿来看,地方政府在进行学前教育投入决策时会考虑到周边地区的政策决定,并会产生模仿和攀比的行为。

表5-3 Moran's I 检验结果

年份	地理权重矩阵 W_1		经济权重矩阵 W_2	
	Moran's I	Geary's c	Moran's I	Geary's c
2002	0.110	0.718	0.184	0.695
2003	0.035	0.698	0.205	0.677
2004	0.049	0.684	0.240	0.643
2005	0.064	0.666	0.213	0.667
2006	0.062	0.669	0.211	0.669
2007	0.051	0.675	0.132	0.742
2008	0.125	0.610	0.229	0.651
2009	0.117	0.623	0.177	0.701
2010	0.189	0.570	0.263	0.623
2011	0.229	0.547	0.167	0.726
2012	0.266	0.522	0.294	0.611
2013	0.282	0.515	0.358	0.555

续表

年份	地理权重矩阵 W_1		经济权重矩阵 W_2	
	Moran's I	Geary's c	Moran's I	Geary's c
2014	0.26	0.540	0.255	0.653
2015	0.239	0.552	0.286	0.623
2016	0.210	0.584	0.221	0.693
2017	0.226	0.574	0.304	0.614

而在经济距离矩阵中,地方政府学前教育公共投入结构的 Moran's I 指数虽然一直为正且有所上升,但是总体的增长趋势较弱,很可能是因为我国东西部、南北部的经济结构差异较大,例如北方的国有经济占比较高,经济发展较为相近的南方地区则更倾向于发展民营经济。政府在进行公共产品投入决策时会有不同的意愿,特别是作为社会性投入的教育投入,具有投资回报周期较长的特点,相比之下学前教育的回报周期更长,短期内难以获得实质性的经济回报,因而经济结构不同的地区可能会采取不同的财政投入政策。

总体而言,无论是地理距离矩阵还是经济距离矩阵,地方政府基础教育公共投入结构选择确实存在空间相关关系,且自相关性的方向为正。同时,作为 Moran's I 检验结果的补充,本书还进行了 Geary's c 检验。Geary's c 检验的结果与 Moran's I 检验的结果相反,也更能敏感地描述局部空间自相关性,其公式如下:

$$I = \frac{(n-1)\sum_{i=1}^{n}\sum_{j=1}^{n}W_{ij}(X_i - X_j)^2}{\sum_{i=1}^{n}\sum_{j=1}^{n}W_{ij}\sum_{i=1}^{n}(X_i - \overline{X})^2}$$

结果显示,其取值也显著小于1,表明地方政府基础教育公共投入结构选择在地理和经济空间均存在正自相关性。为了使得基础教育公共投入结构选择在空间分布上的均衡性更为明显,本书进一步通过 Moran 散点图描述其在地理空间和经济空间的局域空间自相关性。

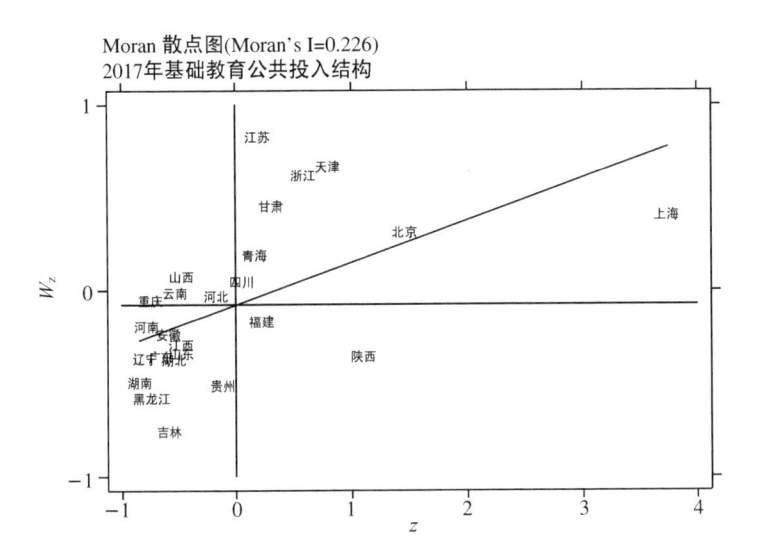

图 5-1 地理空间权重矩阵的局域 Moran 散点图（2017 年）

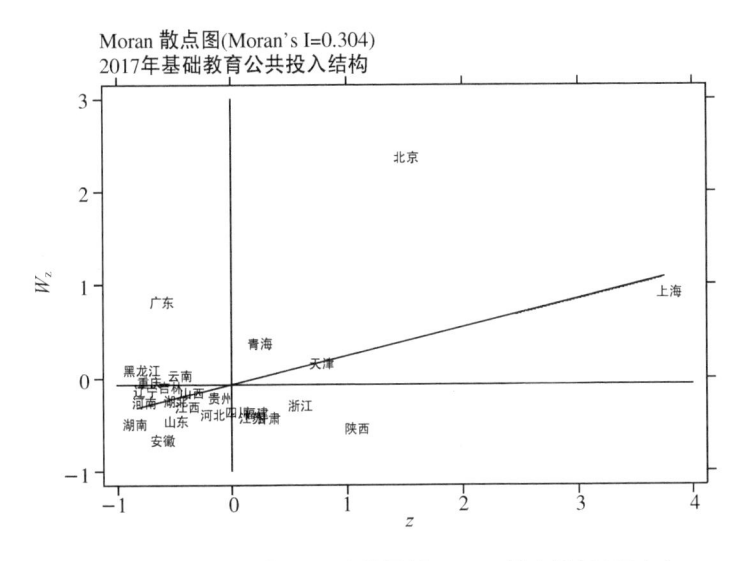

图 5-2 经济空间权重矩阵的局域 Moran 散点图（2017 年）

图 5-1 和图 5-2 分别描述了地理和经济距离相邻空间下地方政府基础教育公共财政投入结构的选择情况，散点图被划分为四个象限，自右上区域开始逆时针分为地理和经济空间下的"高值-高值""低值-高值""低值-低值""高值-低值"的聚集状态，其具体结果展示在表 5-4 中。

表 5-4 基础教育公共投入结构在地理与经济空间的象限分布

	第一象限	第二象限	第三象限	第四象限
地理空间权重矩阵 W_1	上海、北京、江苏、天津、浙江、甘肃、青海、四川	山西、河北、云南、重庆	河南、安徽、江西、山东、辽宁、广东、湖北、湖南、黑龙江、贵州、吉林	福建、陕西
经济空间权重矩阵 W_2	上海、北京、天津、青海	广东、黑龙江、重庆、云南	河南、安徽、辽宁、吉林、山西、湖北、江西、贵州、湖南、山东、河北	福建、陕西、江苏、甘肃、浙江、四川

从表 5-4 中可以看出，上海、北京、天津、青海等省份的基础教育公共投入结构位于"高值-高值"聚集的第一象限，在地理空间"高值-高值"聚集的江苏和浙江在经济空间中落入了"高值-低值"的第四象限，反映出基础教育公共投入结构的选择对相邻省份的辐射效应在一定程度上是与经济效应存在差异的。由于中央政策向西部经济发展较为落后的地区倾斜，经济发展水平相近可能并不意味着对学前教育的投入水平相近，地方政府自身经济结构的不同也会导致经济相邻地区的政府官员在进行教育投入决策时有不同的结果，同样，也意味着空间计量模型中的权重矩阵不同可能会导致不一样的结果。

结合以上分析，为了避免上述估计偏差问题，本书运用最大似然估计方法对我国地方政府基础教育公共投入结构反应方程进行估计。

5.4.3 空间杜宾模型回归结果

表 5-5 为在空间面板数据模型中，选用空间杜宾模型计算我国地方政府基础教育公共结构反应方程的估计结果，其中固定效应和随机效应模型由 Hausman 检验结果进行选择。在地理相邻、以人均财政投入进行衡量的经济空间权重矩阵模型中，基础教育公共投入结构偏向空间滞后项的影响系数 ρ 均为正值，且具有很好的统计显著性，这说明地理相邻的地方政府之间在选择学前教育财政投入政策时存在策略互动行为，反映了地方政府之间策略互动的标尺竞争机制，符合本书的理论预期。

表 5-5 地理空间权重矩阵下基础教育公共投入结构反应方程估计结果

解释变量	被解释变量：基础教育公共投入偏向（DISTedu）		
	地理空间权重矩阵 W_1		
	直接效应	间接效应	总效应
FDedu	0.232***	-0.148	0.084
	(3.63)	(-0.85)	(0.44)
LnPGDP	0.008	-0.043**	-0.035*
	(0.73)	(-2.44)	(-1.92)
Thi	0.119***	0.289***	0.409***
	(3.49)	(4.48)	(5.64)
SOE	0.072***	-0.074	-0.001
	(3.04)	(-1.20)	(-0.02)
ChiDep	0.048	-0.149	-0.101
	(1.03)	(-1.54)	(-0.91)
Urban	-0.042**	-0.010	-0.052
	(-2.06)	(-0.25)	(-0.99)
PEYear	0.021***	0.062***	0.083***
	(4.11)	(5.49)	(6.50)
_Cons	-0.258**		
	(0.120)		
$W_i'DISTedu_t(\rho)$	0.448***		
	(0.052)		
Variance lgt_theta	-2.520***		
	(0.178)		
Variance sigma2_e	0.000***		
	(0.000)		
N	400		
R^2	0.266		

注：***、**、* 分别表示检验在 1%、5%、10%水平下显著。

由于分税制改革,中央政府的事权下放到地方政府,这就使得地方政府在制定相关财政政策时可以拥有更多的自主选择权,与此同时也提高了地方政府履行财政责任的义务水平,地方政府为了满足中央政府的绩效要求,就会在制定政策时倾向于更重要的任务,当各地总体财政投入相对稳定时,为了提高公共投入的配置效率,地方政府之间可能出现政策模仿行为[140]。在强调全面完成义务教育普及的阶段,地方政府为了缓解财政政策压力,在教育经费的投入过程中可能更倾向于对义务教育的投入,因此基础教育财政投入结构的偏向较为严重;在"普九"任务全面完成后,为了满足中央政府下达的"学前教育三年行动计划"的任务,地方政府的财政投入会向学前教育阶段倾斜,令结构偏向问题得以缓解。在此过程中,地理位置邻近的地方政府为了完成绩效考核,在学前教育财政投入过程中存在标尺竞争的行为,也就是反映出地方政府之间在决策过程中存在互相模仿和攀比的行为。

同样,在经济相邻权重的计量模型中,基础教育公共投入结构偏向空间滞后项的影响系数 ρ 均为正值,且具有很好的统计显著性(表5-6)。一方面,反映出了财政投入规模相近地区的政府在财政政策决策中的确存在策略互动行为,而且这种策略互动是一种标尺竞争行为,体现为相邻地区政府之间存在着政策模仿和攀比,符合本书的理论预期。另一方面,这也反映了经济发展相近地区之间的政府偏好和居民偏好更具有趋同性,经济发展相近地区的产业结构、财政收入水平和财政投入水平可能更为相近,即使地理相邻较远,但由于同处于经济发展较为发达的东部地区或是同处于经济发展较为落后的西部地区,其经济发展结构可能更为类似,因此会导致地方政府官员在制定政策时会考虑经济发展相近地区的实际状况,展开标尺竞争;而经济发展相近地区的居民偏好可能会对相隔较远但是经济发展较为接近地区的公共产品更为向往,根据财政分权理论,这会导致地方政府为了满足居民需求而会模仿经济相近地区的相关政策,或是与其相竞争,这也符合理论预期。

表 5-6 经济空间权重矩阵下基础教育公共投入结构反应方程估计结果

解释变量	被解释变量:基础教育公共投入偏向($DISTedu$)		
	经济空间权重矩阵 W_2		
	直接效应	间接效应	总效应
$FDedu$	0.124**	-0.138	-0.014
	-2.18	(-1.20)	(-0.11)
$LnPGDP$	0.011	-0.049***	-0.038**
	-1.09	(-3.18)	(-2.56)
Thi	0.063	0.324***	0.387***
	-1.64	-5.23	-6.7
SOE	0.069***	-0.158***	-0.089
	-2.75	(-2.74)	(-1.39)
$ChiDep$	0.118**	-0.204**	-0.086
	-2.3	(-2.57)	(-1.05)
$Urban$	0.001	-0.102*	-0.101
	-0.06	(-1.77)	(-1.58)
$PEYear$	0.025***	0.055***	0.080***
	-4.57	-5.59	-7.87
$\_Cons$	-0.207		
	-0.128		
$W_i'DISTedu_t(\rho)$	0.233***		
	-0.058		
$Variance\ lgt\_theta$	-1.781***		
	-0.189		
$Variance\ sigma2\_e$	0.000***		
	0		
N	400		
R^2	0.757		

注:***,**,*分别表示检验在 1%、5%、10%水平下显著。

然而，通过对比地理空间和经济空间两类权重矩阵的结果，可以发现地理相邻权重矩阵模型中的基础教育公共投入结构的相互影响更为突出。人均财政投入规模相近并不意味着经济发展的结构和居民生活的结构相近。例如，长三角地区和珠三角地区相隔较远，但是由于长三角地区的江苏、上海等地方政府更倾向于发展国有经济，国有经济占比高，公办园的占比也较高，居民学前总投入的成本分担比例也低，这也就意味着长三角地区的政府意愿和居民意愿更倾向于政府投入学前教育；而经济发展同样较为发达的珠三角地区更倾向于发展民营经济，国有经济占比较低，且民办园数量占比高，无论是从政府偏好还是居民偏好的角度来看，珠三角地区与长三角地区的策略互动并不明显，这一结果符合我们的基本理论预期。同时这表明，无论从地理相邻的视角还是经济相邻的视角来看，在2002—2017年间，地方政府间教育公共投入结构的选择存在显著的策略互动行为，且主要采取的是互补性策略，体现出不同地方政府之间的标尺竞争机制。一方面，国家出台了一系列政策加大对学前教育的投入，随着事权的不断下移，地方政府为了履行其财政责任，便会加大对学前教育的财政投入，因此在2011年后，全国学前教育投入的政府分担比例显著上升，表明各地政府为了完成"政绩考核"的目标，会竞相增加对被纳入刚性政绩考核范围内的义务教育的投入。并且这种地方政府间的竞争会导致相互"攀比"的行为发生，虽然在一定程度上缓解了学前教育财政投入的结构偏向，但是实际面临的"入园难，入园贵"的问题还是没有得到解决，地方政府在学前教育财政投入决策方面的模仿和攀比行为在一定程度上也为解决这一问题提供了思路。

进一步对比两类空间权重矩阵设定的估算结果，可以看出尽管地方政府在经济距离权重下也显著存在互补型策略的策略互动，地方政府在基础教育公共投入结构的选择上对地理位置相邻的省份更为敏感。原因可能在于，地理位置相邻的地区很可能是经济发展水平相近的地区，其财政投入水平也更加相似。而且本书采用了以人均财政投入为指标的经济空间矩阵，一些经济发展水平较弱的地区往往因为中央的政策扶持和国家的财政补贴拥有更高的人均财政投入水平，这种地区的地理相邻省份也会有相似的发展情况,因而地方政府更可能以相邻地区的地方政府竞争对手,制定本地区的教育财政投入政策。在当前我国各地区经济发展水平和财政能力差异明显的情况下,这种策略互动行为会加剧不同经济发展水平地区间层级结构的差异,从而抵消中央政府为实现地区间教育均衡发展所做的努力。

接下来考察其他变量对基础教育公共投入结构偏向的影响。其中,直接效应反映了本地区相关因素对基础教育公共投入结构的影响,间接效应则描述了本地区相关因素通过间接的方式对地理相邻或经济相邻地区的基础教育公共投入结构的影响。

加入了空间权重矩阵后,教育财政分权指标($FDedu$)对本地区基础教育公共投入结构偏向的回归系数为正,这符合我们的理论预期,表明普及义务教育的全面完成在一定程度上缓解了地方政府对义务教育财政责任的压力,为了解决"入园贵,入园难"的问题,地方政府通过增加对学前教育的投入来缓解基础教育公共投入的结构偏向,然而从间接效应的角度来看,一个地区的教育财政分权水平越高,可能会导致相邻地区的学前教育投入水平下降,虽然结果并不显著,但一定程度上也能反映出很有可能是因为学前教育的投入回报周期较长,但教育经费总体投入是有限的,地方政府在拥有较高事权的情况下,更可能向义务教育等投入回报期较短的教育阶段进行财政投入,依赖相邻地区的学前教育资源。

经济发展水平($PGDP$)对本地区的基础教育公共投入结构偏向回归系数为正,但是结果并不显著,这在一定程度上表明随着经济水平的提高,在基础教育公共投入领域,义务教育对学前教育的挤出效应会减少,地方政府有能力也有意愿增加对学前教育的投入[141]。此外,回归结果表示经济发展水平对其他地区的空间溢出系数为负,在一定程度上表明了经济发展水平较高的地区可能会间接影响地理相邻和经济相邻地区的义务教育和学前教育的公共投入,且义务教育对学前教育的挤出效应会增加[142,143]。

代表政府偏好的变量所有制结构(SOE)和第三产业占比(Thi)均对本地区基础教育公共投入结构偏向有正面影响,且较为显著,表明国有经济占比较高以及第三产业发达的地区,其学前教育公共投入也越高。究其原因,可能在于国有经济占比高的地区的公办幼儿园数量较多，公办园更依赖政府投入的资金，地方政府也更有意愿发展公办园教育[144]；同样，第三产业较为发达的地区对人力资本需求较高，学前教育作为教育的起点，保障学前教育的发展是推进地区教育水平的重要开始，因而地方政府对学前教育的重视程度高，学前教育公共投入水平也高[145]。需要注意的是，在间接效应中，所有制结构水平越高的地区可能越会促使地理位置相邻地区加大对学前教育的投入，源于国有经济占比越高，其公办园教育水平也越高，地理位置相邻的地方政府为了满足居民的实际需求，会加大对学前教育的投入。

从理论上说，在"以手投票"和"以脚投票"的机制下，公共投入结构将较好地满足或反映居民偏好。但在我们的估计结果中，反映居民偏好的变量对基础教育公共投入结构偏向的影响比较模糊，究其原因可能在于我国自上而下的考核制度使得居民偏好暂时还不在政府考虑的范围内，居民的需求不能很好地反映在政府的绩效考核条件中[146]。但也需要注意的是，地区的受教育水平（$PEYear$）越高，不仅会导致本地区的政府官员加大对学前教育阶段的投入，也会影响地理相邻和经济相邻地区的学前教育投入水平[147,148]。很可能由于本地区居民受教育水平的提高，居民更加注重教育质量，因此开始注重教育阶段的起点，即学前教育，进而促使地方政府增加对学前教育的财政投入。

5.5 稳健性检验

此外，为了保证结果的可靠性，本书还进行了稳健性检验。对此，本书构建了两个空间权重矩阵，其一是地理-经济空间权重矩阵，其二是地理-经济嵌套空间权重矩阵（严雅雪，2017），通过组合加权的形式体现空间关系的关联性和异质性。地理-经济空间权重矩阵（W_3）为本书前一部分构建的地理空间矩阵（W_1）和经济空间矩阵（W_2）的乘积，表达式为$W_3 = W_1 \times W_2$，对该矩阵进行标准化处理。地理-经济空间嵌套空间权重矩阵（W_4）则综合考虑了地方政府间的地理距离和经济距离，通过地理空间权重矩阵（W_1）和经济空间权重矩阵(W_2)的算数平均数计算得出,表达式为$W_4 = (W_1 + W_2)/2$。

表 5-7 地理-经济空间权重矩阵和地理-经济嵌套空间权重矩阵的稳健性检验结果

解释变量	被解释变量:基础教育公共投入偏向($DISTedu$)					
	地理-经济空间权重矩阵 W_3			地理-经济嵌套空间权重矩阵 W_4		
	直接效应	间接效应	总效应	直接效应	间接效应	总效应
$FDedu$	0.243***	-0.060	0.183	0.208***	-0.322	-0.114
	(0.064)	(0.114)	(0.132)	(0.060)	(0.243)	(0.259)
$LnPGDP$	-0.005	-0.022	-0.027*	0.021*	-0.096***	-0.076***
	(0.011)	(0.014)	(0.014)	(0.012)	(0.026)	(0.027)
Thi	0.093***	0.282***	0.375***	0.103***	0.416***	0.519***
	(0.032)	(0.050)	(0.060)	(0.035)	(0.090)	(0.096)
SOE	0.050**	-0.032	0.018	0.073***	-0.183**	-0.111
	(0.024)	(0.047)	(0.057)	(0.024)	(0.090)	(0.099)
$ChiDep$	0.105**	-0.155**	-0.049	0.027	-0.375***	-0.348**
	(0.044)	(0.074)	(0.085)	(0.048)	(0.143)	(0.157)
$Urban$	-0.035*	0.000	-0.035	-0.026	-0.030	-0.056
	(0.020)	(0.028)	(0.040)	(0.020)	(0.080)	(0.090)
$PEYear$	0.017***	0.058***	0.075***	0.020***	0.084***	0.103***
	(0.005)	(0.008)	(0.009)	(0.005)	(0.017)	(0.018)
_Cons		-0.371***			-0.002	
		(0.106)			(0.132)	
$W_i'DISTedu_t$ (ρ)		0.362***			0.535***	
		(0.046)			(0.059)	
$Variance\ lgt\_theta$		-2.642***			-2.284***	
		(0.175)			(0.168)	
$Variance\ sigma2\_e$		0.000***			0.000***	
		(0.000)			(0.000)	
N		400			400	
R^2		0.196			0.504	

注:***,**,*分别表示检验在1%、5%、10%水平下显著。

从表5-7中的稳健性检验结果来看,在地理-经济空间权重矩阵和地理-经济嵌套空间权重矩阵中，基础教育公共投入结构偏向的空间滞后项系数 ρ 值均为正，且较为显著，说明无论是在地理相邻还是经济相邻的情况下，地方政府在进行学前教育财政投入政策决策时，会与相邻地区产生互补性策略，从而体现为攀比行为和标尺竞争[149]。综合稳健性检验其他指标的回归结果来看，总体回归结果与之前讨论的结果差异不大，说明实证结果具有一定的可靠性。

观察其他指标的结果，发现教育财政分权（$FDedu$）程度越高，对本地区的学前教育财政投入结构越有明显的正相关作用。由于分税制改革，中央政府的事权下移，导致地方政府在制定教育财政投入政策时会考虑到本地区的财政责任和政府偏好[150]。

在地理-经济嵌套空间权重矩阵中，地方的经济发展水平（$PGDP$）对本地区的学前教育财政投入有更明显的偏好，对相邻地区的学前教育财政政策则有显著的反向作用，这也与前一部分的分析结果一致，经济发展较弱的地方政府很可能会将有限的教育财政投入至投资回报期更短的义务教育、高中教育和高等教育中。

在政府偏好方面，一个地区的第三产业（Thi）发展水平越高，会带来越多的学前教育财政投入，而且从间接效应来看，第三产业的增长也会导致相邻地区的学前教育财政投入提高，这是由于第三产业更需要高素质人才，学前教育作为教育的起点，对于培养高素质人才来说非常重要。此外，一个地区的国有经济占比（SOE）对本地区也有同样的作用，但是从间接效应来看，对邻近地区学前教育财政政策的制定会有反向作用，与前文的研究分析结果相一致，国有经济占比高的地区往往公办园数量较多且投入也较高，因此对于邻近地区而言，可能会存在一定的外溢效应。

在居民偏好方面，平均受教育年限（$PEYear$）指标较为显著，且无论对本地区还是邻近地区都能产生正向作用，这是由于平均受教育年限在一定程度上也反映出一个地区居民的受教育水平，受教育水平较高的人群也更希望给予孩子更高质量的教育，与之矛盾的是我国学前教育发展不平衡不充分，因此也会偏向于对学前教育的投入。综合以上分析，本书的研究结果较为可靠，具有一定说服力。

第 6 章 改善我国基础教育公共投入结构的政策建议

6.1 "做对激励"是规范地方政府公共教育投入行为的当务之急

要想改变地方政府学前教育支出领域的行为取向,需要将学前教育发展纳入地方政府考核体系。制定合理的地方政府政绩考核标准,"做对激励"(getting incentives right)是规范地方政府行为的当务之急。为了平衡地区差异,在经济不发达地区需要降低地方教育财政分权度,通过增加中央财政的投入比例来矫正地方政府的基础教育资源配置扭曲[151]。中央政府应进一步增加对应性转移支付,通过对贫困地区相应的一揽子转移支付来改善这些地区的学前教育状况,保障学前教育发展所需资金。

6.2 因地制宜,合理界定教育公共服务供给的市场与政府边界

我国幅员辽阔,东中西部经济发展水平差异巨大,学前教育公共服务供给能力悬殊,为了解决不同地区之间经济发展不平衡和各级政府间财力和责任不对称的问题,要建立转移支付制度,应区分地区差异,因地制宜,明确各级政府的财政责任,建立东部、中部、西部分地区分级负担的学前教育财政分担机制和转移支付制度。经济不发达地区应由中央政府负担更多的学前教育财政责任。园所建设、人员工资和公用经费是学前教育公共服务支出的主要三大部分。具体来说,对于幼儿园园所的新建,主要由中央政府来负担西部地区的经费,主要由省级政府承担中部地区的经费,由市县级政府主要负责东部地区;对于人员薪酬,由省、市、县三级政府共同负担西部地区

的工资,由市、县、乡三级政府共同承担中部地区的工资,由县、乡两级政府共同承担东部地区的工资;对于幼儿园日常公用经费的开支,由县、乡两级政府共同负担西部地区的经费,由乡镇级政府承担中部地区经费的主要责任,由乡镇级政府完全负责东部地区的经费[152,153]。总之,应在制度上保证经济越不发达的地区,越应由较高层级的政府来承担学前教育的财政保障责任。

转移支付制度是调节地区间财政收入与财政支出差距的有效手段。地区间财政收入的差距是导致学前教育公共服务均等化水平较低的现实原因,那么最重要的就是有效地建立和完善学前教育财政转移支付制度。首先,应当建立和完善学前教育转移支付管理方法,体现规范化、科学化和专门化。应当制定一套针对学前教育的转移支付资金核算方法,充分考虑各种客观因素,包括各地区经济发展水平、政府财力差距,以及学前教育支出成本差异等,还要考虑不同因素的影响程度,通过相对标准化的转移支付测算方法,确定针对不同地区的合理的转移支付数量。这样做既可以保证转移支付制度公平、公正,也可以提升各地区对自身未来转移支付规模的可预见性[154]。其次,改善转移支付制度的模式。由于我国各地区间及城乡间在财政能力上存在较大差异,以及基本公共服务均等化需求具有多样性,所以有必要建立一个规模大、持久性强的一般转移支付制度。我国目前仍有大量基础设施和社会服务需要财政投入,在目前转移支付制度尚不完善的情况下,短期中央财政用于一般性转移支付的资金来源稳定性又较容易受到政策的影响和吞噬。为了保证转移支付资金的充足,可以试行横向转移支付弥补纵向转移支付不足的方式,鼓励财力较强的地区点对点帮扶财力相对薄弱的地区。中央应该以各地区本地利益为出发点,制定一套合理的地区间财力协调方案。最后,建立完善学前教育转移支付监管机制。学前教育转移支付的投入应当以地方政府正确、高效地使用转移支付资金为前提,而不能一味地只是强调转移支付资金数额的增长。这就需要尽快建立完善的学前教育转移支付监管机制,这个监管机制应当从法律、人大、社会工作等多方面角度出发进行设计,在控制监管难度的同时,使转移支付资金使用方式透明化、公正化,使用效率高效化。

随着我国计划经济体制的解体,早期与计划经济体制相适应的学前教育单位供给制逐渐瓦解,但幼儿教育公共财政体系并没有相应建立起来。在转型过程中,幼儿教育的市场化在一段时间内被政府所推崇。如今在我国,市场提供已成为学前教育的重要供给方式。据统计,2007年我国民办幼儿教育机构共有77 616所,占全部幼儿教育机构总数的60%,在园学生868.75万人,占全部在园幼儿总数的36.8%。在我国南方和沿海某些城市,如珠海、温州等,民办学前教育甚至成为学前教育的主体,占到90%以上[155]。学前教育市场提供,在一定程度上满足了人们对学前教育的超额需求和差异性需求,在缓解"入园难"的问题以及丰富幼儿教育服务形式上有其不可否认的积极意义,但在实践中也逐渐暴露出市场提供的种种弊端。

首先,学前教育是准公共产品。长期以来,人们习惯上把学前教育看作私人产品,认为学前教育提供是个人和家庭的事,但最新的研究却发现,学前教育不仅可以给个人和家庭带来巨大的经济收益,而且具有广泛的利益外溢性特点。根据国内外研究表明,学前教育既有私人收益,又有社会收益,具有典型的准公共产品特性。根据传统经济学的分析,具有外溢性产品的供给如果只由私人来提供,当私人收益小于社会收益时,将使按私人边际收益和成本进行决策并追求效用最大化的个人供给量小于社会最优的供给量,从而造成效率的损失,因此政府有必要将幼儿教育纳入公共财政领域并提供财政支持。其次,市场不关心公平。政府有责任干预学前教育,特别是为低收入阶层或贫困家庭子女接受学前教育提供支持。再次,学前教育市场面临着严重的信息不对称与不完整问题。有效率的市场竞争假定消费者拥有关于价格的充分信息和关于服务基本特征的信息,对学前教育来说,这也就意味着政府应承担起建立健全幼儿教育市场信息披露制度的职责,确保信息发布的准确、及时和可靠,以减少信息不完全对市场造成的扭曲。最后,当前的学前教育市场并非一个完全竞争的市场,而是一个层级分化的市场。处于市场顶端的幼儿园往往具有一定的市场垄断力量,他们通过收取垄断高价或变相的择园费来榨取消费者剩余[156];低端市场的幼儿教育机构往往以家庭为单位来提供,规模小、数量大,以牺牲质量为代价的恶性价格竞争非常普遍,其结果必然是导致幼儿园办园条件差、师资水平低、克扣幼儿伙食等现象普遍存在,严重影响幼儿身心健康,同时也隐藏着各种危机。要想改变这一现状,需要政府提供基本的法律、规章和标准来规范学前教育市场。

清晰地界定政府和市场的边界也就意味着要清晰地指出政府在哪些情况下该介入学前教育市场。政府介入学前教育市场的理由主要是三点:一是当市场失灵时,市场无法有效配置资源,政府的介入可以提高效率;二是市场自身的均衡往往与公众认可或政府期望的公平有差距,此时需要政府出面来保护社会公平;三是制定市场无法提供的政策和法律进行适当的引导和约束[157]。

6.3 降低地方教育财政分权度,合理界定各级政府学前教育公共服务供给责任

前文中 DEA 模型的研究结果表明,学前教育财政投入的效率比较低下。为了解决当前制约我国学前教育发展的主要"瓶颈",在加大财政投入的同时,需积极探索办法提高财政投入的使用效率。政府作为学前教育投入和保障的主体,这是由学前教育的外部性决定的,政府不可推卸对学前教育的发展所应承担的责任。各级政府应当切实承担起学前教育阶段的投入责任,健全转移支付制度,提高公共财政投入比例[158]。政府作为学前教育发展的责任主体,在促进学前教育发展、提高学前教育财政投入效率中承担的责任具体可分为规划责任、财政责任、监管责任等,各级政府的具体责任表现又各不相同。

《国家中长期教育改革和发展规划纲要(2010—2020年)》指出,教育投入是支撑国家长远发展的基础性、战略性投资,是公共财政的重要职能。各级政府的财政预算要包括学前教育经费,在同级财政性教育经费中要明显提高财政性学前教育经费。《国家基本公共服务体系"十二五"规划》强调,

要合理界定中央与地方政府的基本公共服务事权和支出责任,完善转移支付制度,切实增强各级财政特别是县级财政提供基本公共服务的保障能力。为实现这些政策,需要真正实现我国财政体制向公共财政的转变,需要政府的财政政策更加重视学前教育,需要各级政府加大对学前教育公共服务的投入力度。归根结底,需要各级政府对学前教育公共服务进行职能归位[159]。

6.3.1 中央政府在学前教育公共服务中的责任

规划责任。以佩里(Perry)为代表开展的学前教育专项资金成本效益研究表明,学前教育的收益既包括降低犯罪率等社会收益,也包括提高就业率、增加就业岗位等经济效益,因而从一定程度上来说,学前教育的投入回报高于其他层次的教育。美国主题为"普及学前教育与投资传统经济方案的比较研究"项目预测,持续普及学前教育到2080年能够提高将近2%的国家就业率和国内生产总值,可能为国家多创造出300多万个就业机会,学前教育所带来的收入约达到每年投入的4倍。高品质的学前教育可培养幼儿的综合素养,减少儿童后续学业失败,提高义务教育和高等教育的升学率和入学率,提升学校教育质量和改善学生生源,从而提高劳动力在市场上的就业能力和生产效率,由此说明学前教育能在经济发展中获得更大收益[160,161]。学前教育能够有效提高学生学习能力和社会适应力,较好地预防犯罪,保障社会稳定。优质的学前教育对贫困儿童早期的认知和社会的发展产生积极影响,有利于提高他们成年后的学业质量,改善其经济状况,降低犯罪的可能性等,其中"降低犯罪率"占学前教育社会经济收益的88%[162]。

中央财政对学前教育的支持主要表现在形式方面,即实现学前教育的普惠性和地区均等化。例如,加大财政资金的支持力度以扩大中西部地区和东部困难省份的学前教育资源,在偏远农村地区实施学前教育巡回支教试点以改善学前教育师资队伍的质量,等等。因此,中央政府的总体规划应将发展和普及学前教育纳入经济社会发展和教育事业发展,制定科学适宜的学前教育事业发展规划。研究制定转移支付资助的重点地区和项目,建立转移支付资金投入绩效评价和反馈机制,并探讨提高学前教育财政投入资金配置效率的模式和方法。

财政责任。在确定学前教育公共服务性质的基础上,明确了政府在学前教育发展中的财政责任。当前我国学前教育财政投入仅占教育财政投入的1.2%左右,远低于世界平均水平,也低于巴西(8%,2003年)等发展中人口大国。目前,学前教育发展资金由中央财政通过专项转移支付安排,用于支持学前教育的发展,支持地方公办民办并举、多种形式扩大普惠性学前教育资源、地方深化体制机制改革、地方健全幼儿资助制度是现阶段重点支持的四方面内容[163]。地方为了保证达成"硬性指标",如"新建幼儿园数""普惠性资源覆盖率""毛入园率"等,必须要对资金投入进行优先层级排序的划分,否则很难顾及所有的弱势儿童。因此,应当合理切分上级政府拨款项目,将其剥离为两层,分别为基本需求和特殊需求,两层之间相互独立,互不侵占。基本需求项目服务于大众,满足人民群众的基本要求,包括地方教育体制机制改革、普惠性资源扩大、学前教育质量提升等类别[164];特殊需求项目的资金专门用于处境不利儿童和弱势儿童,直接指向服务对象,提高经费配置效率和精准性,切实维护幼儿的受教育权。我国应在国家财政性教育预算中单项列支学前教育事业经费,明确并逐步提高学前教育投入的比例,确立并逐步实现学前教育经费占GDP比例的0.4%[165]。在"以县为主"的教育管理体制下,虽然中央政府不是学前教育财政投入的主体,但对中西部、农村地区学前教育普及以及贫困儿童的学前教育仍负有不可推卸的责任。而且,实证研究表明,针对弱势学生提供的教育服务经费会带来更高的效率分数①。中央政府应全盘考虑,确定重点支持地区和项目,建立对贫困、边远、民族地区等学前教育发展的专项支持与转移支付制度,明确中央政府在设立学前教育发展专项经费中应承担的比例[166]。

监管责任。目前拥有公共权力的政府部门是我国公共服务的监管主

---

① Grissmer D, Flanagan A, Williamson S. Does money matter for minority and disadvantaged students? Assessing the new empirical evidence[C]//Fowler W J, Jr. Developments in school finance, 1997. Washington, DC: National Center for Education Statistics.

体,资金使用双重目标和资金监管主体多元化[167]是资金监管分析的重要前提。在提供学前教育公共服务的过程中,资金是在财政部门—职能部门—社会组织中流动的。这个过程在时空顺序上有着资金的获取、分配、使用三个明显阶段,对学前教育专项资金监管的核心内容就是监管在这三个阶段的资金是否得到有效合理的使用。

一方面是为了防止地方政府将学前教育专项资金挪作他用或防止地方政府减少学前教育的教育投入;另一方面,更重要的是为了提高财政专项资金的利用效率,中央政府有必要建立监管机制。借鉴美国联邦政府对公共教育资金投入的做法,可供选择的监管方法包括投入导向监管(input-based approach)和产出导向监管,即结果问责制(test-based accountability)。投入导向监管即直接监管财政资金投入的去向,防止专项资金被挪作他用。从理论上说,当财政专项资金的产出或效果无法量化测度时,可以选择投入导向监管方法。在1965年美国公共教育投入的成效测度处于萌芽期时,联邦政府既没有政策上的权力也没有行政能力进行投入资金的成效测度,而且政策制定者坚定地认为地方政府获得资金并能够很好地利用资金,在此背景下,投入导向监管是理所当然的选择。但由于信心收集成本以及道德风险的存在,即使资金按照要求投入使用,也不能反映地方政府和学校合理、高效地使用资源并得到理想产出,人们对于投入导向监管方法产生了质疑。20世纪90年代初期,作为绩效监管的另一种方法,结果问责制开始实行,联邦政府明确强调,地方政府和学校的责任既包括联邦政府资金的使用方法,还包括这些资金的使用效果。结合本国学前教育的基本国情,应先选择切实可行的投入导向监管,并同时逐步完善学前教育数据信息系统,为结果问责制监管创造条件。具体措施包括:逐步要求接受中央转移支付的地方政府和学校连续披露生均教育经费等数据信息,要求以省为单位整合本省每年学前教育转移支付专项资金的信息等。结果问责制建立后,作为问责机制的反馈,应根据绩效评价的结果决定未来转移支付的顺序和金额。

6.3.2 省级政府在学前教育公共服务中的责任

规划责任。应明确加强省级政府对省域内学前教育的统筹领导责任。省级政府应加强对学前教育的宏观规划、政策制定、协调管理和督促检查，根据学前教育普惠性、公平性、公益性特征，以安全适宜、够用适用为原则，制定幼儿园建设标准，明确建设规模、幼儿园布局、园舍建筑、师资及设备配置等基本指标。在坚持以政府为主举办学前教育的同时，鼓励多元办园，应逐步将民办幼儿园纳入各地学前教育发展规划，充分利用好现有民办幼儿园的场地空间来解决入园难的问题。采取减免租金、税费、以奖代补、发放教育券、政府购买服务的方式，引导和支持民办幼儿园提供普惠性服务，解决入园贵的问题[168]。

教师资源配置是影响学前教育效率的重要因素之一[169]。一方面，省级政府应大力促进本省学前教育师资队伍建设，提高全省幼儿教师学历要求，建立常规化高质量的幼儿教师培训机制，推动教师专业发展，帮助教师实现自我价值。通过政策和资金等渠道加大教师教育支持力度，将普惠性幼儿园的教师培训经费列入财政预算，并作为资金使用的重要方向；构建市、区、校三级联动培训体系，分类分层分岗实施培训，建立常规化、高质量的幼师培训机制，推动教师专业发展，从而更好地保障、支持和促进幼儿的成长与发展。另一方面，省级政府要破除编制约束，切实保障幼儿园教师（包括公办园和民办园）薪资待遇。研究表明，高水平薪资能够促进和保障师生进行高质量的互动，由薪资低下导致的高离职率明显不利于儿童发展[170]。编制改革的背景下如何降低编制的约束力，有效保障民办园和公办园教师薪资成为重要议题。省政府应通过公共财政投入推动各地逐步实现幼儿园教师同工同酬，同时将普惠性幼儿园非在编教师薪资待遇支出部分纳入财政预算，把教职工薪资支出比例最低要求列入幼儿园园所评估指标，此外，省政府应该向县市政府提供师资发展与支持战略的指南，具体战略包括提高教职工的教学水平和能力、保障优秀师资资源向重点发展地区优先配置、重新调整和优化师资结构、通过政策补贴和支持方式吸引和留住高质量的师资[171-172]。

财政责任。教育是最重要的公共服务,关乎千家万户。国家在国家机构之间横向和纵向分配教育权,其目的之一是更好地向人民提供教育给付,使人民真实平等地享有受教育权。自21世纪以来,我国对学前教育的财政支持增长远远大于国内生产总值和其他类型教育经费的增长速度,这说明我国不断增强对学前教育的重视程度,但是相较于西方发达国家学前教育公共经费在教育经费中6%~8%的比重,我国省级政府对学前教育的财政投入水平相对较低。省级政府的教育拨款统筹是通过"托低和限高并重"均衡分配财政拨款,在幼儿园间和地区间划分出教育处理的合理区间[173]。生均公用经费拨款标准、教职工人均年收入标准、生均基本教育拨款综合标准是学前教育生均基本教育拨款标准的三项细分标准,作为省级统筹的标尺,能够为区县制定拨款标准提供参考,省级转移支付资金向拨款不足的区县进行补充,避免出现部分幼儿园获得的财政拨款不足的问题,与此同时,省政府也应该严格控制幼儿园生均拨款上限,避免部分幼儿园出现"天价"拨款情况[174,175]。各省应参照义务教育公用经费保障水平,明确制定幼儿园生均预算内公用经费标准。省财政设立学前教育奖补专项经费,对本省经济薄弱地区以及学前教育发展落后地区应给予适当补助,补助的形式可以是专项资金补助。对于省级财政投入的资金,应追踪这些资金的去向和资金支出的效果[176,177]。

监管责任。由于各城市的发展基础不同,省级政府可以因地制宜,按照国家的部署和本辖区设定的学前教育发展规划,将学前教育均衡发展目标细化为城市的均衡投入考核指标,进行年度考核和周期性考核[178]。均衡投入考核指标可以包括按照经费类别区分的生均投入指标、生均办学条件指标、市级政府拨款统筹的测度指标、公办幼儿园的覆盖率、社区居民的满意度等,从学前教育发展所需经费、办学条件和实际政府的努力程度等方面进行全面评价[179,180]。省级政府要负责统筹落实省以下各级人民政府应承担的经费,制定本省(区、市)各级政府的具体分担办法,完善财政转移支付制度,以确保中央和地方学前教育保障资金落实到位,确保资金分配使用的及时、规范、安全和有效,严禁挤占、截留、挪用教育经费。省级政府为提供精确、可持续的财务和绩效数据,应建立本省学前教育财务与绩效信息系统,具体包括各县和园所资源配置方式和信息,提醒各县注意发生重要变化的学前教育政策和需求,保障必要的目的资金投入,以此帮助各县克服学前教育资源配置中的障碍,提高财政投入资金的效率[181-183]。

6.3.3 县级政府在学前教育公共服务中的责任

规划责任。应明确并进一步加大县级政府对县域内学前教育的管理指导责任。县级政府是我国基本行政区域单元,处于行政管理和政策落实的前沿,作为行政体制中的重要纽带,起到承上启下、沟通协调的作用。当前,我国学前教育供需矛盾突出,县级政府作为基层行政枢纽,与中央和省级政府相比,更了解基层群众对学前教育发展的需求。把县级政府作为学前教育管理基本单元,"以县为主"推进学前教育管理体制改革已成为大势所趋。我国财政事权和支出责任划分依据为受益原则、效率原则和激励相容原则[184]。由于学前教育服务受益者的流动性小,受益范围具有闭合性,基层政府对学前教育信息的获取更为直接,行政成本较低,因此,我国学前教育事权和支出责任主要由县(区)、乡(镇)基层政府承担。各县应将学前教育纳入城镇建设总体规划之中,实现学前教育机构的合理布点,满足学前教育公共服务的需求[185]。资源配置的模式和方法影响资金的使用效率。县级政府必须认识到,没有通用有效的资源配置模式和方法。各县应将本县社会经济特征、学生家庭背景特征和辖区内学前教育发展实际情况作为一个整体,结合本县学前教育的合理需求确定学前教育资源配置策略,要改变"锦上添花"的投入方式,更多地"雪中送炭",通过经费引导,加快幼儿教育公益性和普惠性进程[186]。

财政责任。在当前"以县为主"的教育管理体制下,县级政府是学前教育发展的责任主体。这里的"以县为主"指的是管理上的以县为主,而不是经费保障上的以县为主,在省市县共同努力、保障发展学前教育事业基本投入的基础上,县级政府要切实履行直接管理学前教育主体的责任。学前教育实行"政府投入、举办者筹措、家长分担的投入机制",但当前的实际情况是政府投入占比不高,学前教育缺乏公共财政保障,办园经费基本由个体家庭承担[187]。县级政府应充分考虑当地学前教育发展情况以确定教育经费需求和缺口,根据自身财政供给能力决定优先投入经费的项目和园所,以及重新配置已有资源的可行性[188]。县级政府要将学前教育经费列入财政预算,新增教育经费要向学前教育倾斜,并结合各县学前教育和财政供给能力确定财政性学前教育经费在同级财政性教育经费中的合理比例。

监管责任。各县需保证学前教育行政管理人员具备一定的财务管理知识或进行财务分析的能力,因而能够更好地掌握学前教育财力资源的约束和弹性,分析现行教育资源配置模式的优劣,寻找需要和值得重点支持的幼儿园和项目[189,190]。对于财政投入资金,运用成本效应等方法进行绩效评价,并将结果反馈于下一年度教育经费的分配总额和方向。

最后,县级教育部门应充分发挥行业主管作用,切实履行审批各类幼儿园的举办资格、颁发办园许可证和定期年审、教育教学业务管理与指导等方面的职责[191]。健全学前教育管理队伍,各级教育部门都配备了专职或兼职的幼教管理人员和教学研究人员。县级政府应该学习不同县市学前教育资源配置的成功经验,以寻找当地学前教育资源配置面临的效率障碍或调整策略。省级政府同样能够通过提供县市间的不同信息和数据对此提供经验支持[192]。

6.4 从确立公共服务供给最低标准入手,逐步推进学前教育公共服务均衡发展

公平原则是提供公共服务中的首要原则,即让公民无差别地享受公共服务,在学前教育公共服务供给中应该将公平原则作为所追求的价值取向[193]。在独立的教育系统中,学前教育是一种公益性服务,由政府主导,惠及社会公众,有利于满足社会教育共同利益需求,促进社会和谐和保障教育公平,在一定程度上为义务教育奠定基础[194]。由于我国义务教育阶段尚未包括学前教育,对学前教育的政策支持和财政投入不够充足和高效,幼儿教

学资源匮乏,导致形成不够公平的学前教育,政府的压力巨大[195,196]。目前,我国已将学前教育划入公共教育服务体系,在一定程度上保障了许多家庭条件困难的学前儿童们的基本受教育权,体现了学前教育作为起点教育最基本的公平性[197]。同时要进一步建立与完善各级各类教育办学条件、培养质量、生均成本、财政拨款、转移支付、奖励补助等一系列标准,更公开、更透明、更全面地进行信息分享,降低制度设计的实现成本[198]。由于我国各地经济差异巨大、城乡差别悬殊,因此在短期内实现学前教育公共服务的均等化供应是不符合实际的[199]。很多国家在经济转型时期,都不同程度地出现了类似问题。对此,可以借鉴国际上的解决方法,首先制定一个全国性的学前教育公共服务最低标准,在园所布局、园舍建设、人员配备、教育设施等资源配置方面规定统一的标准,这一标准是基本合格的标准,而不是高质量要求的标准[200-204]。各级政府都应该以此标准为参照,鼓励经济发达地区根据实际需要和自身财力状况提供高标准服务。随着我国经济发展水平的不断提高,中央政府对于经济不发达地区可以通过转移支付以保障最低服务水平的落实。同时,逐步提高学前教育公共服务最低标准,以促进学前教育公共服务发展的可持续性和均衡性[205-207]。

第7章 结论与展望

7.1 结论

本书探讨教育公共支出的层级结构问题,运用空间动态面板计量模型考察我国基础教育公共支出结构的跨时差异和空间差异,分析重大政策对我国基础教育公共支出结构偏向的影响[208]。

研究结果表明,2002—2017年,我国地方政府在财政能力和政绩考核的双重约束下,对基础教育公共支出结构的选择存在显著的策略互动行为,并且经济水平接近地区之间的模仿互动要高于地理位置相邻的地区,这就意味着教育体系也存在标尺竞争机制。多级政府的关系问题一直是教育财政体制的核心问题之一,自"分灶吃饭"财政体制改革以来,多级政府间的策略互动行为一直是教育财政体制设计的核心部分。我国特殊的财政分权政策不仅在宏观层面产生了公共支出结构偏向,降低了公共资源的配置效率,而且这种偏向还在教育部门传导,使得地方政府教育部门内部也产生了"重政绩显示型支出、轻非政绩显示型支出"的行为倾向[209]。

同时,2002—2017年间的基础教育公共支出偏向变化未呈现出东、中、西部省份的区域性差异。近年来出台的包括"国十条"在内的重大政策,对改善我国基础教育公共支出结构偏向有一定效果[210]。为了进一步改善基础教育公共支出结构的偏向,进而促进推动公共教育投入政策的有效展开,一方面应该适当上移包括学前教育在内的基础教育财政责任,同时明确将学前教育纳入地方政府基础教育绩效考核的目标,以保证学前教育财政投入的刚性和持续性[211,212]。另一方面,在我国地方经济发展极度不均衡的背景下,为了避免经济不发达地区可能"破罐子破摔"不加入教育政绩方面的竞争,从而恶化学前教育的发展,应采取差异化的基础教育财政分权政策,进而提高我国公共教育投入结构与经济发展结构的匹配性[213]。

7.2 展望

受研究条件所限,尤其是资料搜集难度较大,本书以基础教育投入结构选择为例,运用省级面板数据进行研究。尽管本研究对于其他地方政府公共服务供给的策略互动行为研究具有一定的借鉴意义,但是考虑到各个地区地方政府无论是财政能力还是公共服务供给的意愿可能都存在巨大差异[214],后续如果能够进一步细化数据资料,比如采用县级层面的数据进行地方政府公共教育投入结构选择的策略互动研究,可以更好地反映地区差异。因此,有必要细化数据资料,并进一步研究其他层级教育投入机制问题[215]。

参 考 文 献

[1] 杨东亮.吉林省区域经济格局特征识别及其演变过程研究[J].吉林大学社会科学学报,2016,56(02):62-71.

[2] 郭宏.中印高等教育经费来源比较及启示[J].教育评论,2017(03):54-57.

[3] 王华春,平易,崔伟.地方政府环境保护支出竞争的空间效应研究[J].广东财经大学学报,2019,34(04):49-59.

[4] 陈绍俭.财政压力、晋升竞争与地方政府投资[J].甘肃社会科学,2017(04):233-237.

[5] HAYEK F. The use of knowledge in society[J]. The American Economic Review,1945,35(4):519-530.

[6] SAMUELSON P A. The Pure theory of public expenditure[J]. Reviews of Economics and Statistics,1954,36(4):387-389.

[7] STIGLER G J. Perfect competition, historically contemplated[J]. Journal of Political Economy, University of Chicago Press,1957,65(1):1-17.

[8] MUSGRAVE R A. The voluntary exchange theory of public economy[J]. Quarterly Journal of Economics,1939,53(2):213-237.

[9] 史晓晨,张海波.中国地方政府公共安全财政支出效率研究——基于DEA-Tobit的二阶段分析[J].电子科技大学学报(社科版),2015(01):12-17+22.

[10] 罗贵明.财政分权、地方政府竞争与公共教育投资——基于空间面板模型的分析[J].大连理工大学学报(社会科学版),2017,38(03):131-135.

[11] 傅勇.财政分权、政府治理与非经济性公共物品供给.经济研究,2010(08):4-15+65.

[12] ZODROW G R, MIESZKOWSKI P. Pigou, tiebout, property taxation, and the under provision of local public goods[J]. Journal of Urban Economics,1986,19(3):356-370.

[13] BJORVATN K, SCHJELDERUP G. Tax competition and international public goods [J]. International Tax and Public Finance,2002,9(2):111-120.

[14] SHLEIFER A. A theory of yardstick regulation[J]. Rand Journal of Economics,1985,

16(3):319-327.

[15] BLANCHARD O, SHLEIFER A. Federalism with and without political centralization：China versus Russia[J]. Palgrave Macmillan Journals,2001,48(4):8.

[16] 周亚虹,宗庆庆,陈曦明.财政分权体制下地市级政府教育支出的标尺竞争[J].经济研究,2013,48(11):127-139+160.

[17] 傅勇,张晏.中国式分权与财政支出结构偏向:为增长而竞争的代价[J].管理世界,2007(03):4-12+22.

[18] OATES W E. Fiscal federalism[M]. New York：Harcourt Brace Jovanovic,1972.

[19] BUCHANAN J M. An economic theory of clubs[J]. Economics,1965,32(125):1-14.

[20] 汪利锬,李延均,李霞.基于政府官员理性行为的中国财政支出结构动态分析[J].中国经济问题,2016(01):25-39.

[21] 周黎安.晋升博弈中政府官员的激励与合作——兼论我国地方保护主义和重复建设问题长期存在的原因[J].经济研究,2004(06):33-40.

[22] 付旺.管制对学前教育供给结构的影响研究[D].北京:北京大学,2019.

[23] TIEBOUT C M. A pure theory of local expenditure[J]. Journal of Political Economy,1956,64(5):416-424.

[24] 郑磊.财政分权、政府竞争与公共支出结构——政府教育支出比重的影响因素分析[J].经济科学,2008(01):28-40.

[25] 李成宇,史桂芬,聂丽.中国式财政分权与公共教育支出——基于空间面板模型的实证研究[J].教育与经济,2014(03):8-15.

[26] 张旭东,周振.域内政府竞争程度与公共品供给[J].华东经济管理,2017,31(06):135-143.

[27] 赖霜梅.地方政府学前教育公共产品供给模式的选择[D].泉州:华侨大学,2020.

[28] 曾康华.中央、地方与企业:财政体制改革40年[N]. 中国社会科学报,2018-06-26(006).

[29] 储德银,邵娇.财政纵向失衡与公共支出结构偏向:理论机制诠释与中国经验证据[J].财政研究,2018(04):20-32.

[30] 胡鞍钢,熊义志.大国兴衰与人力资本变迁(续完)[J].教育研究,2003(05):9-16.

[31] 孙开,张磊.分权程度省际差异、财政压力与基本公共服务支出偏向——以地方政府间权责安排为视角[J].财贸经济,2019,40(08):18-32.

[32] 续竞秦,杨永恒.地方政府基本公共服务供给效率及其影响因素实证分析——基于修

正的 DEA 两步法[J].财贸研究,2011,22(06):89-96.

[33] 柏檀,王水娟,李芸.外部性视角下我国学前教育财政政策的选择[J].教育与经济,2018(05):65-72.

[34] 宗晓华,丁建福,徐永辰.县级政府间教育支出的策略互动:标尺竞争机制识别[J].财经论丛,2020(04):33-42.

[35] 张加昌.济南市学前教育财政投入研究[D].济南:山东大学,2020.

[36] 郑琦,宋映泉,廖相伊.增加学前教育公共财政投入对民办幼儿园存在挤出效应吗?——基于 2001—2015 年省级面板数据的研究[J].教育经济评论,2020,5(02):91-116.

[37] 宗晓华,陈静漪."新常态"下中国教育财政投入的可持续性与制度转型[J].复旦教育论坛,2015,13(06):5-11.

[38] 刘占兰.发展学前教育是各级政府义不容辞的责任——《国家中长期教育改革与发展规划纲要》对政府责任的确定[J].学前教育研究,2010(11):12-16.

[39] 亓寿伟,俞杰,陈雅文.中国基础教育支出效率及制度因素的影响——基于局部前沿效率方法的分析[J].财政研究,2016(06):103-113.

[40] 赵为民,李光龙.财政分权、纵向财政失衡与社会性支出效率[J].当代财经,2016(07):24-35.

[41] 胡咏梅,唐一鹏."后 4%时代"的教育经费应该投向何处?——基于跨国数据的实证研究[J].北京师范大学学报(社会科学版),2014(05):13-24.

[42] 柏檀,熊筱燕,王水娟.我国学前教育财政投入问题探析[J].教育与经济,2012(01):29-33.

[43] 田志磊,张雪.中国学前教育财政投入的问题与改革[J].北京师范大学学报(社会科学版),2011(05):17-22.

[44] 张雪,袁连生,田志磊.地区学前教育发展水平及其影响因素分析[J].教育发展研究,2012,32(20):6-11.

[45] 王海英.学前教育成本分担机制亟待完善[N].中国教育报,2014-11-02(001).

[46] 王海英.提高公办园比例势在必行[N].中国教育报,2014-07-13(001).

[47] 庞丽娟,王红蕾,贺红芳,等.加快立法 为学前教育发展提供法律保障[J].中国教育学刊,2019(01):1-6.

[48] 庞丽娟,夏婧,韩小雨.香港学前教育财政投入政策:特点及启示[J].教育发展研究,2010,30(11):34-39.

[49] 庞丽娟,韩小雨.中国学前教育立法:思考与进程[J].北京师范大学学报(社会科学版),2010(05):14-20.

[50] 沙莉,庞丽娟,刘小蕊.通过立法强化政府在学前教育事业发展中的职责——美国的经验及其对我国的启示[J].学前教育研究,2007(2):3-9.

[51] 劳凯声.中国教育法制评论(第2辑)[M].北京:教育科学出版社,2003.

[52] 丁建福,萧今.中国义务教育投入地区差距实证研究回顾——演变趋势、解释及政策[J].教育与经济,2013(3):43-48.

[53] "学前教育成本分担研究"课题组.OECD国家学前教育成本分担现状及其启示[J].学前教育研究,2015(03):26-37.

[54] 张雪.学前教育财政体制改革政策效果评估——基于地方政府学前教育成本分担的视角[J].教育发展研究,2016,36(24):29-36.

[55] 赵嘉茵,袁连生.2000年以来学前教育投入与成本分担的国际趋势[J].教育经济评论,2020,5(05):53-66.

[56] 史桂芬,刘欢,王佳.中国式财政分权对公共教育支出影响的实证分析——基于非线性面板门槛模型的回归[J].教育科学,2016,32(05):11-15.

[57] 王敏.中国财政教育支出绩效评价探析[J].财政研究,2005(6):31-34.

[58] 王蓉,杨建芳.中国地方政府教育财政支出行为实证研究[J].北京大学学报(哲学社会科学版),2008(04):128-137.

[59] 丁小浩.居民家庭高等教育开支及其挤占效应研究[J].北京大学教育评论,2003,1(1):95-98.

[60] 王华春,崔伟,平易.税收竞争促进区域绿色发展了吗?——基于空间杜宾模型的实证研究[J].云南财经大学学报,2019,35(11):3-14.

[61] 王华春,刘清杰.地区财政收入预决算偏离的空间效应与影响因素研究——来自空间统计和空间面板计量模型的经验检验[J].北京师范大学学报(社会科学版),2017(05):136-149.

[62] REVELLI F. On spatial public finance empirics[J]. International Tax and Public Finance,2005,12:475-492.

[63] REVELLI F. Reaction or interaction? Spatial process identification in multitiered government structures[J]. Journal of Urban Economics,2003,53(1):29-53.

[64] 聂晨.破解不均衡不充分:福利主义视角下英国学前教育政策的发展及其启示[J].学前教育研究,2020(03):3-15.

[65] 张晏,夏纪军,张文瑾.自上而下的标尺竞争与中国省级政府公共支出溢出效应差异[J].浙江社会科学,2010(12):20-26+74+125.

[66] BESLEY T J, CASE A C. Incumbent behavior: Vote-seeking, tax-setting, and yardstick competition[J]. American Economic Review, 1995, 85(1): 25-45.

[67] CASE A C, HINES J R, ROSEN H S. Budget spillovers and fiscal policy interdependence: Evidence from the states[J]. Journal of Public Economics, 1993, 52(3): 285-307.

[68] 周亚虹,宗庆庆,陈曦明.财政分权体制下地市级政府教育支出的标尺竞争[J].经济研究,2013,48(11):127-139+160.

[69] TERRA R, MATTOS E. Accountability and yardstick competition in the public provision of education[J]. Journal of Urban Economics, 2017, 99: 15-30.

[70] 钱金保,才国伟.地方政府的税收竞争和标杆竞争——基于地市级数据的实证研究[J].经济学(季刊),2017(03):1097-1118.

[71] 余靖雯,陈晓光,龚六堂.财政压力如何影响了县级政府公共服务供给?[J].金融研究,2018(01):18-35.

[72] 袁连生,赵嘉茵.新时代学前教育财政政策应处理好的几个关系[J].教育经济评论,2019,4(03):49-63.

[73] 杜育红.教育发展不平衡研究[M].北京:北京师范大学出版社,2000.

[74] 谢维和.教育政策分析(1999)[M].北京:教育科学出版社,2002.

[75] 袁振国.教育政策学[M].南京:江苏教育出版社,2002.

[76] 王华春,刘清杰.地方政府财政支出竞争与经济增长效应:基于策略互动视角[J].广东财经大学学报,2016,31(01):89-97.

[77] 席鹏辉,刘晔.财政分权对财政支出效率影响的实证检验[J].统计与决策,2014(12):139-143.

[78] 李芳,祝贺,姜勇.我国学前教育财政投入的特征与对策研究——基于国际比较的视角[J].教育学报,2020,16(01):43-54.

[79] 虞永平.试论政府在幼儿教育发展中的作用[J].学前教育研究,2007(01):3-6.

[80] 黄宸,李玲.省域内区县政府间中职教育财政支出的相互影响研究——基于"标尺竞争"的视角[J].教育与经济,2017(01):34-39.

[81] 余靖雯,龚六堂.中国公共教育供给及不平等问题研究——基于教育财政分权的视角[J].世界经济文汇,2015(06):1-19.

[82] 柳倩,黄嘉琪.中国与OECD国家学前教育投入水平的比较研究[J].教育经济评论,2019,4(03):72-86.

[83] 张翼飞,黄洪.学前教育财政投入的国际经验研究——基于OECD主要发达国家的分析[J].现代教育管理,2016(11):28-35.

[84] 袁连生.我国政府教育经费投入不足的原因与对策[J].北京师范大学学报(社会科学版),2009(02):5-11.

[85] 刘天子,曾晓东.我国幼儿教师工资待遇政策变迁的历程、特点及趋势[J].当代教育论坛,2021(1):19-28.

[86] QIAN Y, ROLAND G. Federalism and the soft budget constraint[J]. American Economic Review, 1998, 88(5): 1143-62.

[87] 甘永涛.美国《开端计划执行标准》评介[J].学前教育研究,2011(3):11-15.

[88] 程秀兰,高游.陕西省普惠性幼儿园发展的现状、问题及对策[J].陕西学前师范学院学报,2019,35(12):105-111.

[89] 张翰林.关于推进幼儿园普惠性建设的思考[J].机构与行政,2020(10):51-53.

[90] 曾晓东,范昕.建国60年来我国学前教育财政制度改革研究[J].幼儿教育,2009(30):1-5.

[91] 程侃.福建省财政分权和基础教育财政支出效率——基于DEA-Malmquist指数分析法[J].福建师范大学学报(哲学社会科学版),2013(03):86-91.

[92] 杨梦竹.淮北市学前教育财政投入研究[D].淮北:淮北师范大学,2020.

[93] 朱家雄.中国视野下的学前教育[M].上海:华东师范大学出版社,2007.

[94] 吕天明.财政补助科研事业单位分配制度改革思路[J].技术与创新管理,2005(01):26-28+31.

[95] 韩小雨,庞丽娟,谢云丽.中小学教师编制标准和编制管理制度研究——基于全国及部分省区现行相关政策的分析[J].教育发展研究,2010,30(08):15-19.

[96] 罗伟卿.财政分权对于我国公共教育供给数量与区域差异的影响[D].北京:清华大学,2011.

[97] 桂磊.关于财政性学前教育经费在幼儿园之间的分配问题[J].学前教育研究,2004(03):48-50.

[98] 袁媛,杨卫安.我国学前教育生均经费标准和生均财政拨款标准研究——基于OECD 2012年度教育统计报告的数据分析[J].教育与经济,2013(03):15-19.

[99] 阎凤桥.民办教育规模在同级教育中所占比例的影响因素分析[J].教育研究,2004

(09):64-70.

[100] 孙荣.教育产品的属性分析[J].企业导报,2012(07):207-208.

[101] 洪秀敏,马群,陈敏睿.新世纪我国学前教育财政投入的特点与展望——基于2000—2015年学前教育财政统计数据的分析[J].教育经济评论,2019,4(03):3-18.

[102] 宋映泉.我国学前教育事业发展主要矛盾与公共财政投入改革方向[J].教育经济评论,2019,4(03):19-48.

[103] 宋映泉.学前教育公共财政投入、事业发展趋势及公平性挑战[M].北京:社会科学文献出版社,2015.

[104] 宋映泉.民办学前教育规模占比的省际差异、政府财政投入与管制[J].北京大学教育评论,2012,10(02):97-119+190.

[105] 刘占兰.学前教育必须保持教育性和公益性[J].教育研究,2009,30(05):31-36.

[106] 沈有禄.改革开放以来我国学前教育发展的主要成就与问题[J].河南师范大学学报(哲学社会科学版),2020,47(01):139-150.

[107] DWYER J G. Vouchers within reason: A child centered approach to education reform [M]. London: Cornell University Press, 2002.

[108] 范明丽,洪秀敏.我国学前教育管理体制改革的历程与方向——改革开放40周年回眸与展望[J].学前教育研究,2019(01):22-32.

[109] 唐淑艳,龚向和.学前教育立法中普惠性民办幼儿园的性质定位[J].湖南师范大学教育科学学报,2019,18(06):26-31.

[110] 储朝晖.财政投入与幼儿教育公平性研究[J].天津师范大学学报(社会科学版),2012(01):57-61.

[111] 段义德.财政支出促进教育公平的作用机制分解及验证——基于CHIP2013数据的分析[J].四川师范大学学报(社会科学版),2018,45(04):94-102.

[112] 穆彩娇.教育公平视角下学前教育财政投入问题研究[J].教育与教学研究,2018,32(12):63-70+115.

[113] 郑子莹.我国学前教育普惠性概念的建构及政府责任[J].四川教育学院学报,2012,28(11):1-4.

[114] 王善迈,袁连生,田志磊,等.我国各省份教育发展水平比较分析[J].教育研究,2013,34(06):29-41.

[115] MARCHAND M, PESTIEAUE P, TULKENS H. The performance of public enterprises: Concepts and measurements [M]. Amsterdam: North-Holland, 1984.

[116] "学前教育成本分担研究"课题组.我国东部、中部、西部学前教育成本分担现状分析与政策建议[J].学前教育研究,2015(01):26-35.

[117] 廖莉,袁爱玲.农村学前教育财政投入的困境及其突破——基于广东省的实证调查[J].教育发展研究,2015,35(06):32-38.

[118] 周兢,陈思,郭良菁.国际学前教育公共经费投入趋势的比较研究[J].全球教育展望,2009,38(11):65-72.

[119] 费煜程.我国学前教育财政投入绩效及地区差异分析[D].杭州:浙江财经大学,2019.

[120] 吕武.国际比较视阈下我国幼儿园生均财政拨款基准估算与实施策略[J].外国中小学教育,2017(11):12-20.

[121] SPARKES J,WEST A. An evaluation of the English nursery voucher scheme 1996-1997[J]. Education Economics,1998,6(2):171-184.

[122] ALLERS M A,ELHORST J P. Tax mimicking and yardstick competition among local governments in the Netherlands[J]. International Tax and Public Finance,2005,12(4):493-513.

[123] 谢贞发,范子英.中国式分税制、中央税收征管权集中与税收竞争[J].经济研究,2015,50(04):92-106.

[124] 刘艳芳.中国学前教育财政投入政策新时代特点及成就[J].山东行政学院学报,2020(03):103-112.

[125] 余雅风.从平等权视角看学前教育中的政府职责[J].学前教育研究,2008(07):7-11.

[126] BENGT H,MILGROM P. Multitask principal-agent analyses:Incentive contracts,asset ownership,and job design[J]. The Journal of Law,Economics,and Organization,1991,7(Sp):24-52.

[127] 厉以宁.关于教育产品的性质和对教育的经营[J].教育发展研究,1999(10):9-14.

[128] 孙敏.政府教育投资对私人教育投资的引导效应分析——基于我国政府1978—2008年教育财政支出的实证研究[J].山西财经大学学报(高等教育版),2009,12(03):1-6.

[129] Zhang X. Fiscal decentralization and political centralization in China:Implications for growth and inequality[J]. Journal of Comparative Economics,2006,34(4):713-726.

[130] 冯等田,沈体雁.中国地方财政支出的空间外部效应研究[J].甘肃社会科学,2009(04):73-75.

[131] BAICKER K. The spillover effects of state spending[J]. Journal of Public Economics, 2005, 89(2-3): 529-544.

[132] 柏檀,周德群,王水娟.教育财政分权与基础教育公共支出结构偏向[J].清华大学教育研究,2015,36(02):53-63.

[133] 黄斌.关于中国地方小学教育财政支出的实证研究[J].教育研究,2009(05):47-57.

[134] 曾康华,夏海利.省级财政竞争对企业投资区位选择的影响——基于空间策略互动分析[J].山东财经大学学报,2020,32(02):36-45.

[135] 王永钦,张晏,章元,等.中国的大国发展道路——论分权式改革的得失[J].经济研究,2007(01):4-16.

[136] 乔宝云,范剑勇,冯兴元.中国的财政分权与小学义务教育[J].中国社会科学,2005(06):37-46+206.

[137] 谢芬,肖育才.财政分权、地方政府行为与基本公共服务均等化[J].财政研究,2013(11):2-6.

[138] 王华春,平易,崔伟.地方政府财政环保支出竞争的演化博弈分析[J].重庆理工大学学报(社会科学),2020,34(01):34-42.

[139] 王华春,刘栓虎.转移支付是否促进了省内财政分权?——基于全国县级面板数据的分析[J].财经论丛,2017(11):11-23.

[140] 张晏,龚六堂.分税制改革、财政分权与中国经济增长[J].经济学(季刊),2005(04):75-108.

[141] 曾晓东,周惠.实现"政府主导",防止"挤出效应"[J].幼儿教育,2010(30):11-14.

[142] 王华春,平易,崔伟.地方政府环境保护支出竞争的空间效应研究[J].广东财经大学学报,2019,34(04):49-59.

[143] 朱浩,傅强,魏琪.地方政府环境保护支出效率核算及影响因素实证研究[J].中国人口·资源与环境,2014,24(06):91-96.

[144] 蔡迎旗,冯晓霞.政府财政投入公办幼儿园方式的选择[J].教育与经济,2008(01):45-49.

[145] 陈纯槿,柳倩.学前教育对学生15岁时学业成就的影响——基于国际学生评估项目上海调查数据的准实验研究[J].学前教育研究,2017(01):3-12.

[146] DEPRINS D, SIMAR L, TULKENS H. Measuring labor efficiency in post offices [M]// Chander P, Drèze J, Lovell C K, et al. Public goods, environmental externalities and fiscal competition. Boston, MA: Springer, 2006: 285-309.

[147] MANLOVE E, GUZELL J R. Intention to leave, anticipated reasons for leaving, and 12-month turnover of child care center staff[J]. Early Childhood Research Quarterly, 1997, 12(2): 145-167.

[148] 陈慧玲,陈岳堂.我国学前教育财政投入的问题与政策选择[J].决策与信息,2018(03):118-124.

[149] 唐文秀.论我国学前教育财政投入政策的价值诉求[J].内蒙古师范大学学报(教育科学版),2013,26(06):4-6.

[150] 席晓娟.学前教育财政投入立法保障研究——基于政策法律化的视角[J].湖南师范大学教育科学学报,2020,19(03):1-8+15.

[151] 岳昌君.经济发展水平的地区差异对教育资源配置的影响[J].教育与经济,2003(01):35-41..

[152] MOON J, BURBANK J. The early childhood education and wage ladder: A model for improving quality in early learning and care programs[M]. Seattle, WA: Economic Opportunity Institute, 2004.

[153] 赖德信.幼儿园教师工资差异决定机制分析[J].学前教育研究,2015(12):3-12.

[154] RELLI F. Performance rating and yardstick competition in social service provision[J]. Journal of Public Economics, 2006, 90(3): 459-475.

[155] 袁秋红.我国民办学前教育十年发展态势、存在问题及政策建议[J].教育科学,2017,33(01):10-17.

[156] Wyatt G. Government consumption and industrial productivity: Scale and compositional effects[J]. Journal of Productivity Analysis, 2005, 23(3): 341-357.

[157] 李卓豫.我国学前教育财政投入的法律保障探析[J].现代交际,2020(10):17-18.

[158] 李世刚,尹恒.县级基础教育财政支出的外部性分析[J].中国社会科学,2012(11):81-97.

[159] 中央财经大学课题组.基础教育领域中央与地方财政事权与支出责任划分研究[J].预算管理与会计,2019(11):32-46.

[160] 吴伟平,刘乃全.异质性公共支出对劳动力迁移的门槛效应:理论模型与经验分析[J].财贸经济,2016(03):28-44.

[161] 陈志其,蔡迎旗.美国学前教育改革与反贫困举措的经验与启示[J].当代教育论坛,2020(02):92-99.

[162] 靳希斌.教育经济学[M].北京:人民教育出版社,2009.

[163] 肖雅筠,潘成华,徐霄,等.江汉平原地区农村普惠性学前教育资源开发与保障机制研究[J].领导科学论坛,2020(21):64-67.

[164] 虞永平.现象立场视角:学前教育体制机制现状研究[M].南京:南京师范大学出版社,2015.

[165] 田景正,余冰杰.学前教育投入与学前教育发展探析[J].河北师范大学学报(教育科学版),2020,22(02):58-63.

[166] OECD. Starting strong II: Early childhood education and care[M]. Paris: OECD Publishing, 2006.

[167] 曾晓东.我国幼儿教育由单位福利到多元化供给的变迁[J].北京师范大学学报(社会科学版),2006(02):11-16.

[168] 刘云波,杨钋.影响我国高等职业教育公、私相对规模的因素分析[J].教育发展研究,2014,34(01):42-46.

[169] QUE W, ZHANG Y, LIU S, et al. The spatial effect of fiscal decentralization and factor market segmentation on environmental pollution[J]. Journal of Cleaner Production, 2018, 184: 402-413.

[170] 路颜宁.基于社会生态模型的学前教育质量与儿童发展的关系研究[D].金华:浙江师范大学,2020.

[171] 王泽雨,张惠,王艳芝.公办幼儿园教师编制管理和使用研究——以L区为例[J].中国机构改革与管理,2019(07):53-56.

[172] 中国学前教育发展战略研究课题组.中国学前教育战略研究[M].北京:教育科学出版社,2010.

[173] 蔡迎旗.幼儿教育财政投入与政策[M].北京:教育科学出版社,2007.

[174] 杜莉.学前教育拨款省级统筹现状分析及其保障建议[J].学前教育研究,2017(11):3-13.

[175] 范先佐,郭清扬,付卫东.义务教育均衡发展与省级统筹[J].教育研究,2015(2):67-74.

[176] 康建英,田茹.义务教育支出效率评价及财政分权影响[J].改革与战略,2010(2):23-25.

[177] 刘焱,康建琴,潘月娟,等.我国学前教育财政投入的路径选择——以浙江省安吉县为参照标准[J].教育学报,2010,6(05):56-61.

[178] 夏婧,韩小雨,庞丽娟.推行免费学前教育,保障学前教育公益性——澳门免费学前

教育政策研究[J].学前教育研究,2010(09):16-21.

[179] NCES. National center for education statistics[EB/OL]. (2017-07-29)[2021-03-27]. https://max.book118.com/html/2017/0729/125115221.shtm.

[180] OECD. Starting strong: Key OECD indicators on early childhood education and care[M]. Paris: OECD Publishing, 2017.

[181] TAUCHMANN H. Partial Frontier efficiency analysis for stata[J]. Discussion Paper, 2011, 12(3): 461-478.

[182] 洪秀敏,庞丽娟.学前教育事业发展的制度保障与政府责任[J].学前教育研究,2009(01):3-6.

[183] 刘小春,李婵.农村基础教育财政投入的国际经验及其启示[J].教育探索,2010(05):147-149.

[184] 袁连生,何婷婷.中国教育财政体制改革四十年回顾与评价[J].教育经济评论,2019,4(01):11-37.

[185] 李振宇,王骏.中央与地方教育财政事权与支出责任的划分研究[J].清华大学教育研究,2017,38(05):35-43.

[186] BLAU D. The childcare problem: An economic analysis[M]. New York: Russell Sage Foundation, 2001.

[187] BURCHINAL M R, PEISNER-FEINBERG E, PIANTA R, et al. Development of academic skills from preschool through second grade: Family and class-room predictors of developmental trajectories[J]. Journal of School Psychology, 2002, 40(5): 415-436.

[188] BLACK M M, WALKER S P, FERNALD L C H, et al. Advancing early childhood development: From science to scale, early childhood development coming of age: Science through the life course[J]. Lancet, 2017, 389(10064): 77-90.

[189] 孙绵涛.教育行政学[M].武汉:华中师范大学出版社,2007.

[190] 蔡迎旗,冯晓霞.我国幼儿教育财政体制的沿革与创新(上)[J].学前教育究,2006(01):34-36.

[191] CHETTY R, FRIEDMAN J N, HILGER N, et al. How does your kindergarten classroom affect your earnings? Evidence from project star[J]. The Quarterly Journal of Economics, 126(4): 1593-1660.

[192] 杨东亮,杨可.财政分权对县级教育公共服务均等化的影响研究[J].吉林大学社会科学学报,2018,58(02):93-103+205-206.

[193] NEUMAN S，WESTPORT C. Changing the odds for children at risk：Seven essential principles of educational programs that break the cycle of poverty[J]. School Administrator，2009，134(3)：112.

[194] 刘鸿昌,徐建平.从政府责任的视角看当前我国学前教育的公益性[J].学前教育研究,2011(02):3-7.

[195] 唐一鹏,王维懿,胡咏梅.学前教育与未来学业成就——基于 PISA2012 的实证研究[J].外国教育研究,2016,43(05):99-109.

[196] 陈岳堂,陈慧玲.学前教育财政投入研究[J].合作经济与科技,2017(20):171-173.

[197] ENGLE P，FERNALD L C H，ALDERMAN H，et al. Strategies for reducing inequalities and improving developmental outcomes for young children in low-income and middle-income countries[J]. The Lancet，378(9799)：1339-1353.

[198] BERLINSKI S，SCHADY N. The early years：Child well-being and the role of public policy[M]. New York：Mac Millan，2015.

[199] 刘颖.城乡学前教育财政经费分配更公平了吗?——2010 年来我国城乡学前教育财政公平的进展[J].当代教育论坛,2019(05):17-24.

[200] HU B Y，MAK M C K，NEITZEL J，et al. Predictors of Chinese early childhood program quality：Implications for policies[J]. Children and Youth Services Review，2016(70)：152-162.

[201] 崔秀方,洪秀敏.我国学前教育发展区域不均衡:现状、原因与建议[J].教育发展研究,2010,30(24):20-24.

[202] 崔世泉,袁连生,田志磊.政府在学前教育发展中的作用——来自经济学理论和实践经验的分析[J].学前教育研究,2011(05):3-8+39.

[203] 方芳,刘泽云.高等教育投入模式的国际比较研究[J].南京师大学报(社会科学版),2018(06):40-47.

[204] 李键江,花筝.我国学前教育资源配置效率现状及其对策研究[J].基础教育,2020,17(01):47-58.

[205] 梁慧娟.改革开放 40 年我国学前教育事业发展的回望与前瞻[J].学前教育研究,2019(01):9-21.

[206] 任宛竹,王在全,黄璇.转移支付对县级政府基础教育投入的激励效应分析[J].现代管理科学,2017(07):94-96.

[207] 杨婷婷.教育投入与我国经济发展研究[D].北京:中国社会科学院研究生院,2020.

[208] CHARNES A，COOPER W W，RHODES E. A data envelopment analysis approach to evaluation of the program follow through experiment in us public school education[R]. Carnegie mellon Univ Pittsburgh Pa Management Sciences Research Group，1978.

[209] 黄媛媛,李玲,卢鸣浩.体制改革对我国学前教育发展影响的实证分析[J].学前教育研究,2015(09):8-16.

[210] 刘焱,史瑾,裘指挥."国十条"颁布后学前教育发展的现状与问题[J].教育发展研究,2011,33(24):1-6.

[211] HECKMAN J J，PINTO R，SAVELYEV P A. Understand-ing the mechanisms through which an influential early childhood program boosted adult outcomes[J]. American Economic Review，2013，103(6)：2052-2086.

[212] 刘光仁,游涛.学前教育学(第四版)[M].长沙:湖南大学出版社,2016.

[213] YU J，ZHOU L A，ZHU G. Strategic interaction in political competition：Evidence from spatial effects across Chinese cities[J]. Regional Science and Urban Economics，2016，57：23-37.

[214] BRUECKNER J K. Strategic interaction among governments：An overview of empirical studies[J]. International Regional Science Review，2003，26(2)：175-188.

[215] CLEVELAND G，KRASHINSKY M. Financing ECEC services in OECD countries[EB/OL]. (2003-01-30)[2021-03-26]. https://www.mendeley.com/catalogue/6fbe9774-f490-3a2b-b675-b8ea27d5620f/.